하늘의 문

© K. Scott Oliphint and Sinclair B. Ferguson
ISBN 1-85792-996-9
This edition published
by
Christian Focus Publications Ltd.,
Geanies House, Fearn, Tain, Ross-shire,
IV20 1TW, Scotland, Uk

천국에서의 미래적 삶에 대한 확신

하늘의 문

If I Should Die Before I Wake

스코트 올리핀트, 싱클레어 퍼거슨 지음 / 황의무 역

나침반

이제 잠들려 하오니
주여 내 영혼을 지켜주소서.
만일 내가 잠에서 깨기 전에 죽는다면,
주여 내 영혼을 받아주소서.

• 머리말 •

"왜 천국에 들어가기를 바라는가?"

각종 통계에 의하면 내세에 대한 믿음은 점차 증가하는 추세를 보이고 있다고 한다.

이것은 결코 놀라운 일이 아니다.

지금도 교회에서는 많은 사람들이 모여 천국 노래를 부르고 있다.

아직도 많은 사람들은 200년도 더 된 기도문을 암송하며 "만일 내가 자다가 죽더라도 천국에 데려가 주소서"라고 기도하고 있다.

우리는 분명 이 세상에서 살고 있지만, 대부분의 사람들은 여전히 천국을 믿고 그곳에 가기를 소망하는 것같다.

그러나 이러한 천국의 인기에도 불구하고 사람들은 천국보다 매년 가족과 함께 떠나는 휴가지에 더 많은 관심을 가지고 있는 듯하다.

우리는 예기치 않은 사건이나 뜻밖의 사고로 정신이 번쩍 들어야만 이 문제를 심각하게 고민하게 된다.

때때로 우리는 자녀들로 인해 죽음이라는 문제를 되돌아보는 경우도 있다. 하지만 그들은 우리가 이 문제를 논할 때 느끼는 당황스러운 심정을 알지 못한다. 그들은 사람이 죽으면 어떻게 되는지를 알고 싶어 한다.

여러분은 아이들이 "할머니는 어디로 가셨나요?"라고 물을 때, 어떻게 대답하는가?

나름대로의 생각이 있겠지만 대개는 "할머니는 지금 아무런 고통이 없는 하늘나라에 계신단다"라고 대충 얼버무릴 것이다.

우리는 이 짧은 몇 마디의 말이 이 문제에 대해 말하기를 꺼려하는 어른들의 심정을 아직 이해하지 못하는 아이들의 의구심을 해소시켜주기를 바라는 것 같다.

일전에 이런 문제에 대한 호기심이 많았던 아이가 어떻게 관이 땅 속으로 들어가게 되느냐고 물은 적이 있다.
이런 아이들은 어른들이 사별할 때 느끼는 복잡 미묘한 감정을 경험해보기 전까지는 아무 것도 실감하지 못한다.

죽음이란 문제가 입에 올리기도 꺼림칙한 당황스러운 금기가 되는 것은 어른이 된 후에나 가능한 일이다.
우리는 사후세계에 관한 자녀들의 모든 의문이 '천국'이라는 말 한 마디로 해결되기를 바란다.

그러나 그것이 진정 천국이 우리에게 의미하는 전부인가?
과연 천국은 아이들의 집요한 질문에 딱히 할 말이 없을 때 궁여지책으로 내놓는 대안으로서의 '그곳' 일 뿐인가?

오늘날 현대인들은 성적인 문제에 대해 모른 척하는 기성세대에 대해 다소 냉소적인 우월감을 가지고 있지만, 그들이야말로 죽음이라는 문제에 대해 고상한 척하는 우리의 태도에 놀라지 않겠는가?

이 세상은 매우 실제적이고 중요하며, 모든 것이 긴박하게 돌아가는 곳이다. 그러나 시공세계로부터 멀리 떨어진 천국은 누구도 경험해보지 못한 비실제적인 세계이며, 결코 서두를 필요가 없는 곳이다.
그래서인지 안타깝게도 천국을 믿는 사람은 많지만, 그것에 대해 아는 사람은 별로 없는 듯하다.
따라서 우리의 자녀들이 순수한 마음에서 나오는 진지하고 호기심어린 질문을 통해 조금씩이나마 사실에 접근해 가고 있는 동안 우리는 매우 불확실하고 불안하기까지 한 느낌에 사로잡혀 있다는 것은 조금도 이상한 일이 아니다.

기독교 신앙은 사후세계에 관해 할 말이 참으로 많다.
『하늘의 문』(If I Should Die Before I Wake)은 이러한 기독교적 가르침을 사후세계에 대한 무지와 끝없는 회의감으로 불안 초조해 하며, 낙심에 빠진 자들과 함께 나눌 목적으로 쓰인 책이다.

우리는 사람들이 자신이나 다른 사람의 죽음에 대한 생각으로 남 몰래 깊은 불안감에 빠진다는 사실을 알고 있다.
이런 은밀한 두려움은 가장 평온하고 성공적인 사람들의 마음 한 구석에도 깊이 자리 잡고 있다.

아마도 여러분은 성경이 말하는 천국에 대해 거의 아는 것이 없다고 생각할 것이다.

여러분은 천국에 들어가기 위해 무엇을 해야 하는지에 대해서도 잘 모를 것이다.

어쩌면 천국에 들어가기 위해 자신이 할 수 있는 일이 있다는 사실조차 믿지 못하거나, 그렇게 해야 할 필요성마저 느끼지 못하고 있을지도 모른다.

여러분은 천국에 갈 수 있다는 확신이 전혀 없을 수도 있다.

여러분은 "내가 과연 그만큼 선한 사람인가? 그와 같은 사실을 믿는다는 것이 정말 가능하기나 한 일인가?"라는 의심이 들 수도 있을 것이다.

여러분은 어쩌면 대부분의 사람들과 마찬가지로 굳이 죽음을 상기시키는 천국 문제에 대해 생각하고 싶지 않을지도 모른다.

죽음에 대한 생각이 가져오는 정신적 공포야말로 사후세계에 대해 진지하게 생각하지 못하도록 막는 가장 크고 유일한 이유라고 할 수 있다.

천국은 최종적 목적지로서 많은 사람들의 각광을 받고 있음에도 불구하고 달갑지 않은 대화의 주제가 되고 만 것이다.

이 책은 '죽음'이라는 주제를 다루는 한편, 왜 사람들은 실제로 '자연적인 요인'(natural causes)에 의해 죽지 못하는가에 대해 설명한다.

또한 본서는 "여러분은 왜 천국에 들어가기를 바라는가?"라고 묻고, 그것에 대한 잘못된 대답과 바른 대답에 대해 살펴볼 것이다.

우리는 여러분이 본서를 통해 성경이 제시하는 미래와 천국의 모습에 대해 보다 잘 이해할 수 있기를 바란다.

한편으로 본서는 '삶'에 관한 책이다.

죽음과의 직면은 우리로 하여금 이 땅에서의 삶에 대해 도전적인 자세를 갖게 한다.

천국에서의 미래적 삶에 대한 확신은 현재적 삶에 지대한 영향을 미치기 때문이다.

이미 잊혀진 수세기 전의 책 제목과 같이 이런 삶이야말로 『평범한 사람이 하늘에 이르는 좁은 길』(plain man's path-way to heaven)이다.

우리 두 사람은 모두 사별을 당한 가족의 슬픔을 함께 나누고 위로하는 목회적 은혜를 경험하였다.

만일 이 책을 읽는 여러분 가운데 그러한 슬픔에 잠긴 자가 있다면, 이렇게

나마 여러분에게 다가갈 수 있게 된 것을 또 하나의 특권이자 은혜로 여길 것이다.

깊은 슬픔을 겪고 있는 시기야말로 성경의 가르침에 눈을 돌릴 적절한 때라고 할 수 있다.

우리는 본서가 그러한 시기를 지내고 있는 여러분에게 빛과 소망을 가져다주기를 바라지만, 무엇보다도 여러분이 어떠한 상황에 처하든지, 슬플 때나 기쁠 때나 오직 천국에 대한 소망과 확신으로 변화된 그리스도인의 삶을 누릴 수 있기를 바란다.

부디 본서가 여러분에게 큰 유익과 위로가 될 수 있기를 간절히 기도한다.

목차 Contents

· 머리말
-
-
-

제1장 **죽음** 17
1. 위대한 평형자(Leveler)
2. 궁극적 신비
3. 반갑지 않은 침입자
4. 위대한 파괴자
5. 생명을 최소화하는 자
6. 마지막 청산자

제2장 **죽음 이후** 41
1. 하나님의 심판은 진실하다
2. 하나님의 심판은 의롭다
3. 하나님의 심판은 개인적이다
4. 하나님의 심판은 이미 계시된 지식에 근거한다
5. 하나님의 심판은 논쟁의 여지가 없다
6. 하나님의 심판은 모든 것을 드러낸다
7. 심판자는 그리스도이다

제3장 천국으로 가는 길 ······················· 63

   1. 확신의 근거

   2. 확신에 대한 오류

   3. 유일한 구주

   4. 우리의 공로인가, 그리스도의 공로인가?

   5. 살아 있는 믿음

   6. 천국에 대한 확신

제4장 천국의 모습 ···························· 99

   1. 하나님이 우리와 함께 하신다

   2. 영원한 축복이 있다

   3. 우리의 가정이 그곳에 있다

   4. 그리스도와 함께 있게 된다

   5. 얼굴과 얼굴을 대하여 마주본다

   6. 요한계시록은 이렇게 묘사한다

   7. 장차 임할 천국을 기대하라

제5장 **천국의 시작** ································· 135
　1. 첫 번째 부활, 그리스도
　2. 신자들의 부활
　3. 새 하늘과 새 땅
　4. 영생의 장소
　5. 불신자는 어떻게 되는가?
　6. 남은 문제

제6장 **천국에 갈 준비** ································· 179
　1. 죽음에 대한 올바른 조명
　2. 패배한 대적
　3. 그리스도와 함께 있음
　4. 미래적 축복
　5. 일시적인 것들
　6. 날마다 죽는 삶

　후기

제1장
죽음

언젠가 우리는 우리가 가진 것들에 대한 소유권을 더 이상 주장하지 못할 때가 올 것이다. 우리가 그토록 애지중지 하던 것들도 그것을 움켜쥔 손의 힘이 풀리면서 다 놓아야 한다. 가장 위대한 공학적 신비인 인체의 기능이 완전히 멎고 마지막 호흡과 함께 우리의 생명은 끝나게 된다.

오늘 아침 우리는 백화점 주차장을 통해 부드럽게 빠져나오는 한 대의 차를 보았다. 운전사는 어느 한 곳 나무랄 데 없이 화려하고 세련되게 차려입은 여성이었다.

그녀는 어느 모로 보나 '성공적인 중년의 삶을 누리는 여성' 임이 분명해 보였다. 그녀는 영국제 고급 재규어(Jaguar)를 몰고 있었다. 펜실베니아 주 자동차번호판은 개인전용화된 것처럼 보였다.

미끄러지는 듯 문이 닫히자 소리 없이 시동이 켜졌다.

소음이라고는 전혀 없는 차가 순식간에 우리 곁을 스쳐지나가는 순간 우리 입에서는 부러움의 탄성이 절로 나왔다.

"정말 멋진 차야!"라고 감탄하며, 우리는 근처에 세워둔 우리의 초라한 차로 향했다.

그러나 부럽다는 생각도 잠시 뿐, 우리는 이내 '그녀는 차를 운전만 할 뿐이지 결국 그것을 가져가지는 못한다' 라는 생각이 들었다.

잠시 후 아래에 있는 주차 지역으로부터 또 한 대의 차가 빠져나왔다.

그 차에는 초라하게 차려입은 한 노인이 타고 있었다. 육십대 후반이나 칠십대 초반 정도 나이의 그는 얼핏 보아 은퇴하였거나 실직한 사람처럼 보였다.

그의 차는 이미 십여 년 전에 한물간 차였다. 그는 여기저기 흠집이 있는 스테이션 왜건(station wagon)의 낡고 찌그러진 문을 열었다.

시끄러운 소음과 함께 시동을 건 차는 심하게 덜거덕거렸다.

잠시 후 그 차도 우리 곁을 지나갔다. 우리는 아까와는 전혀 다른 생각이 들었다.

'지독한 고물차야! 초라한 모습의 그가 얼마나 불쌍한가?'

그러나 동시에 우리의 머릿속에는 조금 전과 비슷한 또 하나의 생각이 떠올랐다.

그것은 '어쨌든 그도 그 차를 가져갈 필요는 없다' 라는 것이었다.

마지막 날이 오면 대궐 같은 집에서 사는 부자나, 문간방에 사는 가난한 사람이나, 자신이 가진 모든 것을 이 땅에 두고 떠나야 한다.
결국 둘 다 빈손으로 가기는 마찬가지이다.

죽음이란 무엇인가?

1. 위대한 평형자(Leveler)

흔히 죽음은 궁극적으로 모든 것을 평등하게 만들어버리는 등화장치(equalizer)라고 일컫는다.
일찍이 로마제국의 시인 호레이스(Horace)는 "죽음은 가난한 자의 오두막집이나, 왕이 사는 궁전이나 공평하게 두드린다"라고 하였다.
명예나 부, 가족이나 친구의 사랑 등 그 어떤 것도 이 피할 수 없는 파괴력 앞에서 우리를 지켜주지 못한다.

우리는 '당신은 그것을 가져가지 못한다(죽은 후에는 아무 필요가 없다)' 라는 말을 자주 한다. 아쉽게도 이런 말은 물질적으로 풍성한 사람들에 대한 은근한 질투심의 발로인 경우가 많다.

그러나 이 말에는 보다 깊은 의미가 담겨 있다.

언젠가 우리는 우리가 가진 것들에 대한 소유권을 더 이상 주장하지 못할 때가 올 것이다.

우리가 그토록 애지중지 하던 것들도 그것을 움켜쥔 손의 힘이 풀리면서 다 놓아야 한다.

가장 위대한 공학적 신비인 인체의 기능이 완전히 멎고 마지막 호흡과 함께 우리의 생명은 끝나게 된다.

로마의 저술가 세네카(Seneca)는 "누구든지 생명을 멈추게 할 수는 있지만 죽음으로 향하는 것을 멈추게 할 수는 없다. 그것으로 향하는 문은 수천 개나 열려 있다"라고 하였으며, 벤자민 프랭클린(Ben Franklin)은 "죽음과 세금 외에는 확실한 것이 없다"라고 비꼬았다.

여러분은 혹시 혼자 앉아 이렇게 생각해본 적이 있는가?
"나는 죽어가고 있다. 이것은 무엇을 뜻하는가? 죽음이란 무엇인가? 나는 그것을 어떻게 생각하고 있는가? 나는 죽음에 대해 어떻게 생각해야 하며 어떻게 대비해야 하는가? 앞으로 나에게 무슨 일이 일어날 것인가? 죽은 후에는 무엇이 기다리고 있는가?"

그렇다면 여러분은 '나는 과연 어디서부터 시작해야 하는가?' 라는 생각도 해보았을 것이다.
이와 같이 정직한 순간은 우리가 처한 상황을 개선하기 위해 무엇인가를 하도록 격려할 것이다.

죽음은 단순히 확실한 것만이 아니다.
그것은 신비이기도 하다.
의학은 그것에 대해 연구하고, 그것의 본질을 새롭게 규명하며, 그것이 임하는 시간을 지연시켜보려고 부단히 노력하고 있다.
오늘날 서구 사회는 죽음을 현실세계로부터 멀리 떼어놓기 위해 가능한 모든 방법을 동원하고 있다.
환자는 자신의 집이 아니라 병원 침상에서 죽으며, 온갖 정성을 들인 장의사의 치장이 끝난 후에는 '아름다운 장례식'이 거행된다.
우리는 죽음의 고통을 덜어주려는 이러한 도움의 손길에 감사한다.
그러나 우리는 문득문득 '여기에는 가혹한 현실을 은폐하기 위한 조직적인 계략이 감추어져 있기 때문에 우리의 깊은 상처나 아픔을 실제로 덜어주지는 못한다' 라고 생각한다.

그것은 다만 우리가 죽음과 마주하여 그것의 실체를 바라보지 못하도록 할 뿐이다.

죽음이 우리 모두를 평등하게 만드는 위대한 평형자라는 사실은 다른 사람에 대한 우리의 질투심을 어느 정도 누그러지게 하는 것이 사실이다.

그러나 죽음이 우리 모두에게 가져오는 공평한 결과에 대해서는 어떤 위로도 주지 못한다.

그것은 우리에게 동일한 상실감과 이별과 슬픔을 가져다준다.

이러한 것들은 우리의 마음이 겪을 수 있는 가장 깊고 내면적인 고통을 만들어낸다.

2. 궁극적 신비

우리는 언젠가 180파운드의 거구를 가볍게 이끌고 계단을 향해 올라갈 것이다.

다음날 두 사람이 들어와 그가 남겨둔 시체를 치우게 될 것이다.

과연 무슨 일이 일어났는가?

우리는 이에 대해 생물학적인 면에서 대답할 수 있다.
죽음은 정신이나 마음의 활동의 정지라고 할 수 있다.
육신은 닳아 없어질 뿐이다.
어쨌거나 우리는 '죽음은 자연적 요인에 의한 것'이라고 알고 있다.
그것은 그저 일어나는 일일 뿐이다.
그러나 진심으로 그렇게 받아들이는 사람은 아무도 없다.
정상적인 사고를 가진 사람이라면 죽음을 아무 저항 없이 받아들이지 못할 것이다.
말하자면 죽음은 자연스러운 것이 아니라는 것이다.

만일 자연스러운 것이라면 우리의 영혼이 그토록 저항할 수 있겠는가?

만일 우리가 누리는 사랑이나 우정의 관계를 그처럼 철저하게 갈라놓는 것이 자연스러운 것이라면, 왜 우리는 그것에 대해 그렇게 화를 내는가?

3. 반갑지 않은 침입자

죽음은 파괴적이라는 점에서 자연스러운 것이 아니다.
그것은 일어나서는 안 되는 것이며, 무엇인가 철저하게 잘못된 것이다.
적어도 성경은 그렇게 가르친다.
성경 첫 부분에는 이러한 사실이 명확히 드러나 있다.

하나님은 사람을 자연세계에 살면서 자기와 영적인 교제를 누리도록 창조하셨다.

> 하나님은 인간을 자신의 모양을 따라 자기 형상대로 지으셨다 (창 1:26-27).

어떤 면에서 사람들은 만물을 창조하신 위대하고 영광스러우신 하나님의 축소판으로 창조된 것이다.
이것이 바로 창세기의 첫 부분이 하나님과 사람 사이에 있는 일정한 유사성을 강조한 이유이다.

하나님은 유형, 무형의 전 피조세계를 다스리시며, 사람은 동물세계와 땅을 다스린다(창 1:26-30).

하나님은 육일 동안 세상을 창조하시고, 일곱째 되는 날에 안식하셨으며, 사람은 육일 동안 일하고, 일곱째 되는 날에 안식하도록 지음을 받았다(창 2:2-3).

하나님은 교제와 친교를 기뻐하신다(창 1:26; cf. 3:22).
성경에 의하면 하나님은 완전한 교제 관계에 있는 삼위로 존재하심이 분명하다.
사람은 남자와 여자로 지음을 받았다.
이것 역시 하나님과의 유사성을 보여주며 따라서 한편으로는 하늘에 계신 아버지와, 또 한편으로는 인간 상호간에 교제와 조화를 누려야 한다.
이것은 그들의 존재 의미와 목적에 대해 말해준다.

우리는 이와 같이 두 가지 세계를 위해 지음을 받았다.
하나는 물질적 세계이며, 또 하나는 영적 세계이다.
우리는 이 두 세계에 거하면서 조화를 이루며 살도록 창조되었다.
우리는 개를 좋아할 수도 있고, 사람들은 우리의 특별한 친구가 될 수 있지만, 하나님이야말로 우리의 가장 좋은 친구가 된다.

또한 하나님은 우리가 더욱 성숙하고 자라기를 바라신다.

이것은 신체적인 면에 있어서도 마찬가지이다.

첫 번째 사람 아담은 동산지기였다(창 2:15).

그는 세상을 더욱 아름답게 하고 그것을 지키는 일과는 별도로 동산을 가꾸는 작업을 통해 근육 상태가 발달하게 되어 있었다.

또한 우리는 유혹을 극복함으로써 도덕적, 영적으로 성숙하도록 창조되었다.

우리가 운동을 통해 신체적으로 강해지듯이 하나님의 뜻을 거역하지 아니하고 순종할 때에 도덕적, 영적으로 더욱 강해진다.

이것이 바로 하나님께서 아담에게 동산 중앙에 있는 나무의 실과는 먹지 말라고 금하신 이유이다.

만일 그가 실과를 먹는다면 죽게 될 것이다(창 2:17).

이에 관해서는 더 이상의 자세한 설명이 제시되지 않는다.

이 나무의 실과는 독이 있는 것이 아니었다.

그것은 아마도 다른 나무의 실과와 특별히 다르게 보이지 않았을 것이다.

명령의 핵심은 아담이 하나님의 말씀을 순종하고, 그의 지혜를 신뢰하는지를 시험해보기 위한 것이었다.

만일 아담이 순종하였다면 그는 도덕적, 영적으로 강하여졌을 것이다.
만일 그 실과에 독이 있었다면 그것을 먹지 않는 것은 당연한 상식에 속한 일이 될 것이다.
그러나 오직 하나님의 명령 때문에 그것을 먹지 않는다면 하나님에 대한 순종이 되는 것이다.
그러나 하나님은 그들이 이 시험에 실패하였으며, 그 결과 죽음이 왔다고 말한다.

"너는 흙이니 흙으로 돌아갈 것이니라"(창 3:19)

하나님의 형상을 따라 흙으로 창조된 남자와 여자는 점차 붕괴되고 허물어지기 시작하여 결국 다시 흙으로 돌아가게 될 것이다.
전능하신 창조주 하나님의 영광스러운 피조물이 이 땅에서 가장 하찮은 존재인 흙으로 전락할 처지에 놓이고 만 것이다.

그들이 창조될 때 되고자 했던 모든 것들은 파괴되고 말았다.

그들은 불순종으로 인해 생명의 근원이신 하나님과의 교제를 스스로 단절하고 만 것이다.

4. 위대한 파괴자

하나님께서 아담에게 주신 경고는 무엇을 의미하는가?

하나님은 그들을 불쌍히 여기셨는가?

아마도 그런 것처럼 보인다.

선악을 알게 하는 나무의 실과를 먹었음에도 불구하고 아담과 하와는 계속해서 살았기 때문이다.

이것은 적어도 어떤 면에서는 사실이다.

그러나 이 이야기의 나머지 부분은 어떻게 "한 사람으로 말미암아 죄가 세상에 들어왔으며… 모든 사람에게 사망이 이르게 되었는지"(롬 5:12)를 말해준다.

육체적, 사회적, 영적인 면에 있어서 분열과 파괴는 인류의 타락과 동시에 시작되었던 것이다.

그들의 하나님을 향한(God-ward) 관계는 파괴되었다.

아담은 하나님과 소원한 상태가 되었으며, 하나님이 가까이 오시자 그는 피하여 숨어버렸다(창 3:8-10).

그들 자신을 향한(Self-ward) 관계도 파괴되었다.

사람은 하나님과 화목하게 지낼 뿐 아니라 상호간에, 그리고 하나님이 만드신 모든 것들과 화목하게 지내도록 창조되었다.

그러나 아담과 하와는 그러한 것들에 만족하지 못하였다.

지금까지 조용히 잠자던 양심은 다시 살아나 그들을 찔렀다.

그들은 불순종의 죄를 범하였을 뿐 아니라 죄의식을 느끼기 시작하였다. 그들은 하나님이 만드신 세계 속에 있는 것이 불편하고 불안했다(창 3:10).

결혼 관계도 파괴되었다.

아담은 하와와도 소원해졌다.

그는 먼저 여자를 주신 하나님을 탓하였으며, 이어서 자신의 불순종이 분명함에도 불구하고 하와에게 책임을 전가하였다.

> "하나님이 주셔서 나와 함께하게 하신 여자 그가 그 나무 실과를 내게 주므로 내가 먹었나이다" (창 3:12)

지금까지는 "두 사람이 벌거벗었으나 부끄러워 아니하니라"라는 구절에서 나타나듯이 친밀함을 누렸으나, 이제 이러한 친밀함은 영원히 깨어지고 말았다.
이제 그들에게는 서로 간에 비난하는 일만 남게 되었다(창 3:12).

다른 피조물과의(Creation-ward) 관계도 파괴되었다.
아담은 자연세계와도 단절되었다.
그는 원래 자연세계의 관리인이자 주인으로서 그것을 다스려야 했다.
그러나 이제 그는 땅을 정복하기 위해 종신토록 땀 흘려 수고해야 한다.
아이러니한 것은 그는 결국 그 땅(흙)에게 정복되어버리고 만다는 것이다.
처음에는 땅을 경작하겠지만, 나중에는 그 땅의 일부가 되어 다른 누군가에 의해 경작될 것이다.
하나님은 "너는 흙이니 흙으로 돌아갈 것이니라"라고 말씀하신다(창 3:17-19).

가족관계도 파괴되었다.

아담이 에덴에서 쫓겨난 후 그의 큰 아들은 첫 번째 살인자가 되었다.

비극적인 것은 그의 둘째 아들이 이 첫 번째 살인의 희생자가 되었다는 사실이다(창 4:8).

아담의 가계도는 세월과 함께 계속 이어진다.

그의 후손들의 묘비에는 "~세를 향수하고 죽었더라"라는 동일한 문구만 반복될 뿐이다(창 5:5, 8, 11, 14, 17, 20, 27, 31).

이 문구는 모든 인간의 비문이 되었다.

그러나 이와 같이 거침없는 죽음의 행렬은 유일한 예외적인 사건으로 말미암아 시선의 초점을 모은다.

"에녹이 하나님과 동행하더니 하나님이 그를 데려가시므로 세상에 있지 아니하였더라"(창 5:24)

에녹은 지금까지의 죽음의 법칙이 적용되지 않은 유일한 예외였다.

그러나 그가 죽지 않았다는 사실은 죄와 죽음에 관한 새로운 사실만 부각시킬 따름이다.

즉, 우리의 삶은 죄로 인해 모든 관계로부터 점차 소원해지며, 이러한 조그만 분리는 결국 모든 것으로부터 영원히 멀어지는 가장 극적이고 비극적인 분리, 즉 육체적 죽음을 가져온다는 것이다.

우리는 육체적 죽음을 '실제적인 죽음'으로 생각한다.

그러나 어떤 면에서 육체적 죽음은 단지 죽음의 표상(sacrament)에 해당할 뿐이다.

그것은 이미 시작된 영적 실상을 겉으로 드러내는 육체적 상징(emblem)이다.

죽음은 생명의 붕괴를 뜻하며, 그것은 우리가 우리의 진정한 원천으로부터 떨어져 나오는 순간부터 시작된다.

따라서 육체적 죽음은 이러한 영적 붕괴의 외적인 표현이다.

우리는 마치 좀이 먹은 의복과 같아서 겉으로 보기엔 멀쩡한 것 같지만, 조금만 건드려도 안에서부터 붕괴되어버린다.

의복의 섬유는 이미 오래 전에 힘을 잃어버렸으며, 아름다운 옷은 순식간에 헤어져 가루가 되고 말 것이다.

일련의 과정이 선행되었지만, 파멸은 즉시 일어났다.

그것이 죽음이다.

5. 생명을 최소화하는 자

우리는 앞서 죽음이 결코 자연스러운 것이 아니라는 사실을 살펴보았다. 그것은 원래부터 하나님의 질서 속에 들어와 있었던 것이 아니다.
바울은 "이러므로 한 사람으로 말미암아 죄가 세상에 들어오고(enter) 죄로 말미암아 사망이 왔나니(enter) … 아담으로부터 모세까지 아담의 범죄와 같은 죄를 짓지 아니한 자들 위에도 사망이 왕 노릇 하였나니…"(롬 5:12-14)라고 하였다.

무슨 말인가?

아담은 육체적 세계와 영적 세계라는 두 가지 세계 속에 거주하도록 창조되었다.
그러나 이제 죄인이 되어 원래의 원천으로부터 단절된 그는 붕괴를 겪어야만 한다.
그는 하나님이나 세상과의 관계에 있어서 이전처럼 화목하게 지낼 수 없다. 그는 더 이상 하나님의 면전이 편치 못한 듯 숨어버렸다.
그는 이 세상에서도 더 이상 편치 못하다.

아내와는 서로 비난하고 일터에서는 욕구불만이 팽배하며, 가정에서는 반목과 불화가 끊이지 않는다.

그리고 자신의 몸은 점차 붕괴되어 가고 있다.

그러다가 결국에는 도저히 일어나서도 안 되고, 상상하기조차 싫은 일이 터지고야만다.

즉, 그는 지금까지 육체에 속한 하나의 개체였으나 이제 자신의 몸으로부터 외형적으로 분리되는 경험을 하게 될 것이다.

그것은 지금까지 그를 지탱해온 생명의 원리를 놓게 하고 오직 분리와 붕괴의 나락으로 몰고 갈 것이다.

우리는 아담의 후손이다.

죄의 결과로 말미암아 인간의 생명은 최소화되고, 하찮은 것이 되었으며, 결국 멸망할 수밖에 없게 되었다. 이것이 바로 죽음이 하는 일이다.

그러나 죽음은 그 이상의 것이다.

6. 마지막 청산자

죽음은 "죄의 삯"(롬 6:23)이라고 바울은 말한다.

우리는 마땅히 죽을 수밖에 없다.

그것은 우리가 이미 응분의 죄를 범하였기 때문이다.

우리가 아무리 원하지 않을지라도 그것은 당연히 우리의 몫이다.

삯은 이미 우리의 계좌에 들어와 있다.

우리는 결코 그것을 피할 수 없다.

하나님은 인류를 창조하실 때 자신과 생명적 교제를 나누기 위해 그들을 창조하셨다.

그러나 창세기 3장은 아담과 하와가 어떻게 하나님께 절대적으로 의지하는 삶을 거절하고 하나님과 같이 되고 싶어 했는지, 즉 왜 그로부터 벗어나 독립하고 싶어 했는지를 보여준다.

아담과 하와는 무한한 생명을 원했다.

그러나 그들은 스스로 독립하지 못하고 오히려 자신을 파멸시켰다.

그들은 생명 대신 하나님께서 인간이 벗어날 수 있는 최종적 한계로 설정해 놓으신 죽음을 맛보았다.

위대한 사람이든 비천한 사람이든 우리는 누구나 죽음 앞에 한없이 낮아질 수밖에 없다.

그러나 우리가 살아 숨쉬는 한, 이 사실을 받아들이기는 쉽지 않을 것이다.

삶과 죽음의 차이는 절대적이다.

그것은 모든 것을 산산조각 내어버린다.

그러나 우리는 그것의 불가피성에 대해 거의 의식하지 못할 만큼 무감각해져 있다.

우리는 날마다 돌이킬 수 없이 돌진하고 있는 인생의 종착지에 대해 한 번도 진지하게 숙고해보지 않으려고 필사적인 노력을 기울인다.

신약성경은 이러한 사실에 대해 분명히 제시한다.

히브리서는 우리가 죽음에 대한 공포로 일생동안 종노릇하고 있다고 말한다(히 2:15).

죽음에 대한 공포야말로 모든 작은 두려움의 모체이다.

사실 이러한 근본적인 두려움은 여타 작은 두려움들에 감추어져 표면에 드러나지 않을 때도 있다.

그러나 피부에 발생한 커다란 사마귀와 같이 우리가 만일 이러한 두려움의 모체로부터 벗어날 수 있다면 다른 모든 작은 혹이나 점들은 큰 문제가 되지 않을 것이며 우리는 새롭게 변할 것이다.

복음의 메시지는 우리에게 구원의 길이 있다고 말한다.

그것은 두려움의 모체와 그것의 원인에 대해 대담하게 맞설 수 있게 한다.

그것은 고통스러운 작업이 될 수도 있다.

그러나 결국 죽음의 공포로부터 벗어나 삶의 기쁨과 평안과 미래에 대한 확신으로 인도할 것이다.

"두려워 말라"는 예수님께서 자주 하시는 말씀이다.

여러분이 두려움의 속박으로부터 벗어나 자유와 확신으로 향할 때, 예수님께서 여러분과 함께 하신다는 사실을 잊지 말기 바란다.

제2장
죽음 이후

그리스도께서는 인성을 가지셨기에 우리의 사정을 모두 아시며, 또한 신성을 가지셨기에 우리의 마음 깊은 곳까지 다 아신다.
그러므로 그의 심판은 완전하게 의롭고 무오하며 정확할 것이다.
모든 사람은 그의 심판에 따라 천국이나 지옥으로 들어갈 것이다.
우리가 진정 천국을 소망할진대 만일 그가 제시한 우리의 삶에 대한 평가 방식을 모르는 것이야말로 우리가 범할 수 있는 가장 큰 실수가 될 것이다.

"나는 죽음에 대한 두려움이 없다"라는 말은 평온한 신앙에서 우러나올 때도 있지만, 때로는 죽음을 앞둔 모든 자에게 시시각각으로 다가오는 고통을 잊기 위한 위장된 불안과 분노로부터 나오는 일종의 허세이기도 하다.

죽음은 이기주의나 자기중심주의가 더 이상 버틸 수 없기 때문에 결국 파멸할 수밖에 없다는 최종적 증거이다.

그러나 죽음으로 모든 것이 끝나는 것은 아니다.

히브리서 기자가 강조한 이 말씀은 이미 우리의 본능 속에 깊이 새겨져 있다.

"한번 죽는 것은 사람에게 정하신 것이요 그 후에는 심판이 있으리니"(히 9:27)

과연 우리는 스스로에 대한 자신감만으로 하나님의 심판에 맞설 수 있는가?

놀랍게도 많은 사람들은 그렇게 할 수 있다고 믿는다.
많은 사람들은 죽으면 하나님의 심판대에 서지 아니하고 천국에 들어갈 수 있을 것이라고 믿는다. 그러나 우리는 대부분 우리에 대한 하나님의 판단이 어떻게 이루어질 것인지에 대해 감을 잡지 못하고 있다.

이에 대해 신약성경은 우리에게 무엇이라고 말씀하고 있는가?

하나님의 심판과 관련하여 가장 확실한 사실은 그것이 본질상 우주적이 될 것이라는 점이다.
누구도 그것을 피할 수 없다.
성경에서 심판자로서 하나님에 대해 처음으로 언급한 내용에 의하면 전 세계는 그의 법정이며, 모든 인류는 그의 심판대 앞에 서게 된다.
그는 "세상을 심판하시는 이"(창 18:25)이다.

이것은 구약성경의 가르침만은 아니다.

히브리서 12장 23절에 따르면 그는 "만민의 심판자"이시다.

신약성경은 그의 심판과 관련한 언급에서 지구상의 모든 민족을 그 앞에 모을 것이라고 말씀한다(마 25:32 참조).

그러나 심판자로서 하나님에 대한 가장 포괄적인 말씀은 바울이 로마서 2장 1-16절에 제시한 생생한 심판의 장면에서 찾을 수 있다.

"각 사람에게"(롬 2:6[시62:12 인용])라는 언급에서 알 수 있듯이 그는 이 심판의 우주적 성격을 강조한다.

여기에는 어떤 예외도 있을 수 없다.

이러한 사실은 이어지는 3장 내용에서 분명히 제시된다.

바울은 하나님의 판결과 선고를 피할 자는 아무도 없다고 말한다(롬 3:9-20).

이 심판과 관련하여 우리가 꼭 알아야 하는 중요한 내용은 무엇인가?

바울은 우리에게 다음과 같은 몇 가지 기본적인 원리를 제시한다.

1. 하나님의 심판은 진실하다

"하나님의 판단이 진리대로[사실대로] 되는 줄 우리가 아노라"
(롬 2:2)

다른 사람에 대한 우리의 평가는 언제나 부분적이며 그렇기 때문에 불완전하다.

우리는 기껏해야 사실을 어림짐작할 뿐이다.

우리는 모든 증거를 모아서 사실 대로 정황을 고려할 수 있는 능력도 없다.

우리는 겉으로 드러난 사실만 보고 겨우 단편적인 지식으로 판단만 할 뿐이며, 그 사람의 행위 속에 감추어진 내면적 세계에 대해서는 알지 못한다.

우리는 자칫 잘못 생각할 때가 많으며 상황을 오판하기도 한다.

그러나 하나님은 모든 정황을 사실에 입각하여 판단하신다.

그는 우리를 만드신 창조주이시며, 따라서 인간을 위해 정하신 모든 행위 규범에 대해 완전히 알고 계신다.

그는 자신의 본성에 충실하신 분이기 때문에 그의 심판은 철저하게 공정하다. 그의 판단은 결코 편파적이지 않다.

로마서 2장 11절은 "이는 하나님께서 외모로[편파적으로] 사람을 취하지 아니하심이니라"라고 했다.

그렇기 때문에 우리는 하나님이 우리의 사회적 지위를 감안하여 특별히 대우해 주실 것이라고 생각하여 함부로 "당신은 내가 누군지 아느냐?"라고 해서는 안 된다.

그는 실로 우리를 있는 그대로, 사실 그대로 평가할 것이다.

2. 하나님의 심판은 의롭다

바울은 하나님의 "의로우신 판단이 나타나는"(롬 2:5) 그날에 관해 언급한다.

하나님의 의는 거룩하고 완전하신 자기 본연의 속성(self-integrity)에 해당한다.

그는 이러한 자기 본연의 속성에 결코 모순되지 않으며, 자기 백성과 맺은 언약에 있어서도 그러하시다.

그 어떤 것도 이러한 원칙으로부터 그를 벗어나게 할 수 없다.

그것은 곧 자기를 부인하는 것이기 때문이다.

하나님의 심판이 의롭다는(그리고 완전히 공정하다는) 사실은 그리스도의 죽음에서 드러난다.

하나님은 죄 있는 자를 그의 앞에서 물리치실 것이라고 약속하셨다.

죄는 그것을 짊어진 자를 하나님으로부터 분리시킨다(사 59:2).

예수께서 "친히 나무에 달려 그 몸으로 우리 죄를 담당"(벧전 2:24)하신 때에도 마찬가지이다.

하나님은 비록 자신의 독생자라 할지라도 예수님을 살려두지 않으셨다(롬 8:29 참조).

그의 의로우신 속성은 어떠한 예외도 허용치 않으셨다.

범죄한 인간을 대신하신 예수님은 하나님으로부터 버림을 받는 실로 처절한 신적 유기의 아픔을 인성 깊은 곳으로부터 맛보셨던 것이다.

이것이 바로 그가 십자가에서 "나의 하나님, 나의 하나님, 어찌하여 나를 버리셨나이까"(마 27:46)라고 부르짖으신 이유이다.

───❦───

하나님의 심판에 의해 십자가에서 돌아가신 그리스도의 죽음이야말로 죄는 처벌받아야 한다는 하나님 자신의 엄숙한 약속에 대한 가장 확실한 증거이다.

설사 죄를 짊어진 자가 자신의 독생자라 할지라도 하나님은 '공의에 따라' 심판하신다.

그것은 철저히 공정한 심판이다.

바울이 하나님의 심판이 의롭다고 한 말 속에는 우리의 행위를 정확히 반영한다는 의미도 담겨 있다.

그것은 우리의 죄에 합당한 판결을 내릴 것이다.

우리는 하나님께서 행하시는 심판의 방식에 대한 성경의 묘사로부터 이러한 사실을 발견하게 된다.

1세기에는(오늘날도 마찬가지이지만) 하나님의 법을 얕잡아본 사람들이 하나님께서 자신들의 죄를 심판하는 것과 같은 일은 결코 일어나지 않을 것이라고 장담했다.

실제로 하늘로부터 뇌성벼락도 없었고, 느닷없는 엄청난 징벌도 시행되지 않았다.

하나님께서는 심판하지 않으셨거나 아무런 관심이 없으신 듯 보였다.

이에 대해 사도들은 무엇이라고 대답하였는가?

그들은 하나님의 심판과 관련된 두 가지의 근본적인 원리를 분명히 제시하였다.

하나는 하나님께서 자신의 심판을 늦추고 계신다는 것이다.

그렇다면 그 이유는 자비하심으로 오래 참으사 회개할 시간을 주시기 위함인 것이다(벧후 3:9).

그러나 더 중요한 이유는 바울이 로마서 1장 18-32절에서 제시한 대로, 때때로 하나님의 심판은 인간의 불의를 방치해 두시는 방식으로 시행되기도 한다는 데 있다.

만일 인간이 하나님을 섬기기 싫어한다면, 자기보다 못한 것들을 섬기게 될 것이다.

또한 그들이 악한 정욕을 드러내면 하나님은 그들에게 정욕의 노예가 되게 할 것이며, 하나님에 대한 지식을 경멸하고 마음에 하나님 두기를 싫어한다면 하나님은 그들을 '상실한 마음' 대로 내어버려 두실 것이다.

바울은 이러한 하나님의 심판에 대해 다섯 구절 동안 세 번이나 "하나님께서 저희를 내어버려 두사"(롬 1:24, 26, 28)라고 언급한다.

하나님의 법을 마음대로 무시하고 얕보아도 된다고 생각하는 사람은 이미 그러한 생각 자체가 하나님의 심판이 시작되었음을 반증한다.

죄에 대한 하나님의 반응은 그에 대한 우리의 반응과 흡사하다.

이런 점에서 그의 심판은 전적으로 의롭다.

3. 하나님의 심판은 개인적이다

하나님은 "각 사람에게 그 행한 대로 보응"(롬 2:6; cf. 시 62:12; 잠 24:12) 하신다.

하나님의 심판에 관한 한 공동체적 안전지대는 없다.

우리는 민족, 가족, 부부와 같은 모든 관계로부터 벗어나 오직 개인으로서 하나님의 심판대 앞에 서게 된다. 모든 사람은 각자 자기의 일을 직고하게 될 것이다(롬 14:12).

신약성경은 이것의 의미를 보다 구체적으로 제시한다.

모든 사람은 각자가 행한 일에 따라 하나님의 심판을 받는다.

자신이 행한 일의 실제적인 의도나 취지도—스스로 판단하기 어려운 것일지라도—모두 드러날 것이다.

바울은 고린도후서 5장 10절에서 이러한 사실을 강조한다.

"이는 우리가 다(all) 반드시 그리스도의 심판대 앞에 드러나 각각 선악간에 그 몸으로 행한 것을 따라 받으려 함이라"

본문에서 "다"(all)라고 한 것은 여기에 예외가 없다는 뜻이며, "우리가 다"(We all)라고 한 것은 자신이나 다른 성도들도 여기에 포함된다는 의미이다. 즉, 모든 그리스도인은 하나님의 심판대 앞에 서게 된다는 말이다.

이것은 많은 사람들의 생각을 복잡하게 만든다.
그것은 과연 바울의 이러한 주장이 또 하나의 다른 대 전제, 즉 '우리는 행위가 아니라 은혜로 의롭다함을 받았다는 사실과 상충되는 것은 아닌가' 라는 것이다.
우리는 신약의 다른 여러 곳에서 이와 동일한 가르침을 찾아볼 수 있다(예를 들면, 마 16:27; 엡 6:8; 딤후 4:14; 벧전 1:17; 계 22:12).
그러나 여기에는 어떤 모순도 없다. 의롭다함은 그리스도에 대한 믿음으로 받는 선물임이 분명하다.
그러나 의롭다함을 받은 자의 삶에 대한 평가는 각자가 살아온 삶과 행위를 기준으로 이루어진다.

이것은 모든 그리스도인에게 동일하게 적용된다. 용서받은 자로서 그들의 삶은, 받은 은혜로 무슨 일을 했느냐에 따라 하나님으로부터 평가를 받게 될 것이다.

이것이 바로 바울이 하나님의 은혜를 헛되이 받지 말라고 호소한 이유이다(고후 6:1).

4. 하나님의 심판은 이미 계시된 지식에 근거한다

하나님의 심판은 우리가 알고 있는 법(율법)과 우리가 받은 빛에 의해 이루어질 것이다.

바울은 이러한 원리를 매우 쉽게 설명한다.

즉, 하나님의 율법의 계시를 받은 자들은 그 율법으로 말미암아 심판을 받는다는 것이다(롬 2:12).

이러한 가르침에 대한 사람들의 반응은 무엇인가?

우리는 시편 기자와 같이 "여호와여 주께서 죄악을 감찰하실진대 주여 누가 서리이까"(시 130:3)라고 고백하는 대신 "지당하신 말씀입니다마는, 율법이 없는 자는 어떻게 합니까?"라고 되묻는 경향이 있다.
그러나 하나님의 공의가 다른 사람들에게는 어떤 식으로 시행되는지 잘 모른다는 것이 그의 심판을 피할 수 있는 핑계가 될 수 있겠는가?

바울은 우리가 그렇게 말할 것을 미리 알고 이렇게 말했다.

>"무릇 율법 없이 범죄한 자는 또한 율법 없이 망하고"(롬 2:12)

성경에서 십계명을 한 번도 읽지 않았다고 해서 죄와는 상관없거나 하나님의 율법에 대한 반역에서 자유로운 것은 결코 아니다.
모세를 통해 주어진 율법이 없는 사람도 적어도 자신이 하나님의 법을 어기고 있다는 사실은 알고 있다.
우리는 모두 그의 형상대로 창조되었다(창 1:26-27).
비록 죄로 말미암아 부분적인 지식이 되기는 하였지만, 하나님께서 무엇을 요구하시는지에 대해서는 본능적으로 알고 있다.

"이런 이들은 그 양심이 증거가 되어 그 생각들이 서로 혹은 송사하며 혹은 변명하여 그 마음에 새긴 율법의 행위[요구]를 나타내느니라"(롬 2:15)

이와 같이 사실상 하나님의 특별한 계시를 받은 자나 그렇지 못한 자나 모두 자신이 알고 있는 하나님의 율법을 순종하는데 실패하였다.

그러므로 바울은 "무릇 율법 없이 범죄한 자는 또한 율법 없이 망하고 무릇 율법이 있고 범죄한 자는 율법으로 말미암아 심판을 받으리라"(롬 2:12)라고 엄숙히 선언했던 것이다.

혹자는 '그러나 사람들이 십계명이라는 특별 계시를 받지 않았다는 이유로 정죄를 받는다는 것은 확실히 공정하지 못하다' 라고 반문할는지도 모른다. 그렇다면 그는 바울이 말하는 요지를 잘못 안 것이다.

우리는 다른 사람이 받은 계시를 우리만 받지 못하였기 때문에 정죄를 받는 것이 아니라 우리가 이미 받은 계시를 거절하였기 때문에 정죄를 받는 것이다.

예수님은 하나님의 심판 때에 이러한 점을 고려하여 차별을 둘 것이라고 말씀하신다.

그러나 그의 말씀이 함축하고 있는 의미를 잘 살펴보라.

"주인의 뜻을 알고도 예비치 아니하고 그 뜻대로 행치 아니한 종은 많이 맞을 것이요 알지 못하고 맞을 일을 행한 종은 적게 맞으리라"(눅 12:47-48)

하나님께서 우리가 받은 빛에 따라 우리를 판단하신다는 원리는 우리가 하나님의 심판을 임의로 받는다는 의미가 아니다.

받아들이기 고통스럽지만 분명한 사실은 "율법 없이 범죄한 자는 또한 율법 없이 망한다"(롬 2:12)라는 것이다.

5. 하나님의 심판은 논쟁의 여지가 없다

하나님의 심판은 우리의 양심에 의해 확인된다.

바울은 하나님께서 우리의 삶에 대해 평가하실 때 우리의 양심도 증인으로서의 역할을 할 것이라고 말한다(롬 2:15).

바울이 말하는 양심의 기본 개념은 '자기 자신과 공유하는 지식'(knowledge shared with oneself)이다.

이것은 우리가 실제로 경험하고 있는 바에 대한 정확한 표현이다.

양심은 절대무오한 것이 아니며, 우리가 가진 자기 인식(self-knowledge) 역시 완전하지 않다.

그럼에도 불구하고 양심은 우리가 옳다고 믿는 것을 속으로부터 증거한다.

설사 이것이 사실이 아니기를 바라는 마음이 있을지라도 그러한 바람이 저절로 양심의 음성을 묵살할 수 없다.

여러분의 삶에 하나님의 심판이 선언되고 나면, 여러분은 "너도 알다시피 그의 심판은 절대적으로 옳고 당연하다"라는 양심의 속삭임을 듣게 될 것이다.

이와 관련하여 바울은 아무리 타락한 사람일지라도 예외를 두지 않고 있다는 사실에 유의해야 한다.

그들은 이러한 양심의 증거에 대해 끝까지 철저히 외면할 수는 없다.

마지막 심판 때에 그의 양심은 하나님의 선고에 동의할 것이며, 모든 입은 결국 침묵하게("모든 입을 막고"[롬 3:19]) 될 것이다.

그들은 이러한 양심의 증거에 대해 끝까지 철저히 외면할 수는 없다.

6. 하나님의 심판은 모든 것을 드러낸다

하나님의 심판은 마음속 가장 은밀한 것까지 들추어낸다.
바울은 최후의 심판 날에 대해 "곧 내 복음에 이른 바와 같이 하나님이 예수 그리스도로 말미암아 사람들의 은밀한 것을 심판하시는 그 날"(롬 2:16)이라고 했다.
이 날에 대한 가장 엄숙한 묘사는 위대한 예술 작품의 생생한 심판 장면에서가 아니라 계시록에서 찾을 수 있다.
많은 예술가들은 이 본문에서 영감을 얻었다.

> "또 내가 크고 흰 보좌와 그 위에 앉으신 자를 보니 땅과 하늘이 그 앞에서 피하여 간 데 없더라 또 내가 보니 죽은 자들이 무론 대소하고 그 보좌 앞에 섰는데 책들이 펴 있고 또 다른 책이 펴졌으니 곧 생명책이라 죽은 자들이 자기 행위를 따라 책들에 기록된 대로 심판을 받으니"(계 20:11-12)

하나님은 그날 "어두움에 감추인 것들을 드러내고 마음의 뜻[동기]을 나타내실"(고전 4:5) 것이다.
즉, 행위나 계획 및 생각은 물론 자기도 눈치 채지 못한 마음의 동기(뜻)까지도 드러날 것이다.

바울은 본문에서 자신은 자기 마음의 동기에 대해 정확히 모를 수 있지만 하나님은 아신다고 말한다.

◈

마음의 동기는 복잡하게 얽혀 있으며, 때로는 자신에게도 감춰져 있다.
그러나 심판 날에는 이와 같이 숨어 우리의 삶을 지배하고 계획을 결정하며 말과 행위로 표현되던 동기가 드러날 것이다.
우리가 무심결에 내뱉은 말이나 우발적인 행위 속에 감추어진 모든 것들이 백일하에 드러나게 될 것이다(마 12:35-37, 25:31-46).
그날이 오면 우리는 모든 것을 꿰뚫어보시는 전지전능하신 하나님 앞에서 모든 가면을 벗고 서게 될 것이다.

우리는 우리가 자신을 얼마나 모르고 있는지조차 깨닫지 못할 만큼 자기 자신에 대해 모른다.
자신에 관한 진실을 아는 것보다 우리를 무기력하게 하는 것은 없다.
그나마도 늦게까지 깨닫지 못하는 사람에 비해서는 훨씬 낫다.
심판 때 자기에 관한 모든 사실이 다른 사람에게 드러날 것을 두려워하는 사람도 있다.

얼마나 기가 막힌 노릇인가?

그러나 이러한 생각은 하나님의 심판에 대한 우리의 사고가 얼마나 핵심에서 벗어나 있는지를 여실히 보여준다.

물론 그러한 내용이 성경적인 언급이기는 하지만, 그것은 지극히 사소한 문제에 지나지 않는다.

하나님의 심판이 가져올 실로 엄준한 요소는 마음의 생각과 뜻을 감찰하시며(히 4:12-13), 우리의 심장을 해부하시는 그가 우리의 모든 진실을 드러내실 것이라는 사실에 있다.

이것이야말로 가장 파괴적인 폭로가 될 것이다.

7. 심판자는 그리스도이다

하나님의 심판은 예수 그리스도의 장중에 놓일 것이다.

바울은 "하나님이 예수 그리스도로 말미암아 사람들의 은밀한 것을 심판하시는 그날"(롬 2:16)이라고 했다.

이것은 바울 자신의 생각이 아니다.

그는 예수께서 인자로서 자신에 관해 하신 말씀을 다시 한 번 언급했을 뿐이다.

"아버지께서… 심판하는 권세를 주셨느니라"(요 5:26-27)

이러한 내용은 성경 다른 곳에서도 여러 차례 확인 된다(마 7:21, 25:31-33; 행 10:42, 17:31; 고후 5:10; 살후 1:7-8; 딤후 4:1).

신약성경에서 성육신하신 하나님으로 묘사되고 있는 예수 그리스도가 심판자가 되신다는 사실이 왜 중요한가?

그것은 우리가 하나님과 인간의 차이에 대해 "당신은 우리의 실체나 우리가 경험하는 현실에 대해 잘 모르면서 어떻게 심판할 수 있는가?"라고 핑계 댈 수 없다는 뜻에서 그렇다.

우리는 결코 "당신은 우리에 대해 모르며, 인간적 삶을 경험해보지도 않았다. 우리처럼 시험을 당해본 적도 없고, 고난을 겪어보지도 않았다"라고 말할 수 없다.

왜냐하면 그는 우리처럼 육신을 입고 이 땅에 오신 하나님의 아들이시기 때문이다.

그는 우리처럼 시험을 당하고 고난을 겪으셨다.

◈

시험 당하시되 승리하시고 십자가에 달려 돌아가시기까지 아버지에게 순종하신 그분 앞에서 자신의 죄와 허물에 대한 자기정당화와 변명은 참으로 초라하기 짝이 없다.

그리스도께서는 인성을 가지셨기에 우리의 사정을 모두 아시며, 또한 신성을 가지셨기에 우리의 마음 깊은 곳까지 다 아신다.

그러므로 그의 심판은 완전하게 의롭고 무오하며 정확할 것이다.

모든 사람은 그의 심판에 따라 천국이나 지옥으로 들어갈 것이다.

우리가 진정 천국을 소망할진대 만일 그가 제시한 우리의 삶에 대한 평가 방식을 모르는 것이야말로 우리가 범할 수 있는 가장 큰 실수가 될 것이다.

이제 우리는 알았다.

여러분은 아직도 천국에 갈 수 있다고 생각하는가?

제3장
천국으로 가는 길

예수 그리스도는 우리가 아버지와 함께 있기 위해서는 반드시 그를 통해야만 한다고 말했다.
이것은 우리가 천국을 가기 위한 필수 조건이다. 그의 은혜를 통하지 않고 다른 방법으로 천국에 가려는 사람은 결국 실망만 하게 될 것이다(마 7:21-23).
우리가 진정 그곳에 가기를 원한다면 그의 말씀을 그대로 믿고 그를 통해 아버지께로 가야 할 것이다.

천국에 대한 믿음은 실제로 증가하고 있다.

1990년 통계에 따르면 미국인의 78퍼센트가 소위 천국을 믿는다고 답했다. 이는 1952년의 72퍼센트보다 많은 수치이다.

실제로 대다수 사람들은 천국을 믿을 뿐 아니라 자신이 그곳에 갈 수 있는 충분한 기회와 자격이 있다고 믿고 있다.

이러한 수치는 절대 다수의 사람들이 사후에 행복한 삶을 원하고 기대한다는 사실을 보여준다.

천국이 어떤 곳이냐에 대해서는 의견이 다를 수 있지만, 적어도 그곳은 매우 매력적인 곳이라는 데에는 이견의 여지가 없다.

이러한 확신과 소망은 어떤 근거에서 나오는 것일까?

한 가지 이유는 아마도 우리가 현재적 삶이 제공하는 것보다 더 나은 삶을 누릴 가치가 있다고 생각하기 때문인 것 같다.

이러한 확신은 사람들의 마음속에 깊이 각인되어 있는 듯하다.

우리는 "만일 당신이 죽은 후에 하나님께서 왜 당신을 천국으로 보내어야 하느냐고 묻는다면 어떻게 대답하겠는가?"라는 물음에 자신 있게 대답한 한 여성을 생생히 기억한다.

그녀가 조금도 주저하지 않고 대답한 말은 "나는 당연히 그럴 자격이 있다"라는 것이었다.

우리는 경험을 통해 웬만한 사람은 이와 동일하거나 유사한 대답을 한다는 사실을 알고 있다.

삶이 복잡할수록 우리는 그것을 초월하는 무엇인가를 붙들려는 경향이 강해진다.

스트레스를 잔뜩 받은 주부가 목욕비누를 붙들고 "나를 데려가 달라"라고 부르짖는 TV 광고는 우리 모두가 현대 사회에서 종종 느끼는 일종의 두려움을 반영한다.

아마도 천국에 대한 믿음이 넘쳐나는 것도 이러한 부르짖음과 무관하지 않을 것이다.

천국은 마지막 탈출구인 셈이다.

그럼에도 불구하고 천국에 대한 믿음이 이와 같이 넘쳐나고 있는 데에는 어딘가 미심쩍은 부분이 있다.

천국을 믿는 사람이 많다는 여론조사 결과와 관계없이 실제로 대부분의 사람들은 불신자처럼 보이기 때문이다.

오늘날 하나님의 영광은 이제 더 이상 교육의 최종 목적이 아니다.

개인적 확신이나 신념도 실리적으로 바뀌고 말았다(자신에게 유익을 주기만 하면 그것으로 된 것이며 다른 사람과는 무관하다).

가정도 부모와 자녀가 영원을 위해 학습하는 장소로서의 의미가 사라진지 오래다.

우리는 마치 이 세상이 전부인 것처럼 살아간다. 천국에 대한 믿음이 우리 삶에 미치는 영향력은 극히 미미하다.

그렇다면 이와 같이 세속적인 환경에서 천국에 대한 믿음이 통계적으로 늘어났다는 사실에 의아심을 갖지 않을 수 없다.

삶의 신비에 대한 설명을 수직적 차원보다 수평적 차원에서 찾으려는 오늘날의 전반적인 세속적 경향과 천국에 대한 믿음은 분명히 어울리지 않기 때문이다.

우주의 중심에 서서 스스로 '만물의 척도'라고 부르는 인간이 영원히 살고 싶다는 단순한 한 가지 이유만으로 천국에 대한 케케묵은 믿음을 고집한다는 것이 있을 수 있는 일인가?

사후세계에 대한 어떠한 생각도 용납하지 않았던 세계관이 이제 와서 그렇게도 지우고 싶어 했던 바로 그것을 붙들기 위해 안간힘을 쓴다면 실로 아이러니한 일이 될 것이다.

우리는 성경을 통해 불신앙적 사고는 이러한 자가당착과 모순을 낳는다고 배웠다.

"스스로 지혜 있다 하나 우준하게 되어 썩어지지 아니하는 하나님의 영광을 썩어질 사람과 금수와 버러지 형상의 우상으로 바꾸었느니라" (롬 1:22-23)

사람들은 우주의 중심에 서서 자신이 저절로, 그리고 스스로의 힘으로, 점액질로부터 나왔다고 믿는다.

실제적인 기원이야 어찌됐든 그들은 무덤에 들어간 후에도 결코 멸망하지 않을 것이라고 생각한다.

어쨌든 오늘날과 같은 권리 지향적 사회에서는 죽어서 천국에 가지 못할 수도 있다는 생각은 상상하기 어렵다.

이러한 생각은 생명과 자유와 행복을 추구하는 오늘날의 입헌 민주적 사고에서는 모욕과 같다.

1. 확신의 근거

그러나 이러한 확신에 대한 다른 해석도 있다.

모든 종교(앞으로 살펴볼 기독교 신앙을 제외하고)는 "사람은 어떤 식으로든 천국에 갈 수 있는 권리를 얻을 수 있다"라고 가르친다.

이들은 왜 사후에 천국에 갈 수 있다고 생각하는지 물어보면 대개 "나라는 존재(즉, 지위와 신분)와 내가 행한 일" 때문이라고 대답한다.

그들이 이렇게 생각하는 데에는 두 가지 이유가 있다.

첫 번째 이유는, 그들의 '지위나 신분'이 그들을 천국으로 보내 줄 것이라는 믿음이다.

이러한 신분에는 그들이 미국인이라는 사실도 포함된다.

즉, 전통적으로 기독교적 뿌리의 깊은 영향을 받은 나라에 속하였다거나 또는 자신의 가문이 수대에 걸쳐 교회(감독교회든, 로마 가톨릭이든, 침례교든, 장로교든)와 관련을 맺어왔다는 것이다.

말하자면 '회원으로서의 특전'(마치 신용카드 회사의 광고문처럼)이 있다고 생각한다.

그들은 인간 사회에서 훌륭한 신용을 가지고 있기 때문에 이러한 신용은 천국에서도 분명히 유효할 것이며, 더구나 하나님은 사랑이시기에 더욱 그러하다는 것이다.

천국에서의 자리를 보장하는 이러한 종류의 집단적 협약 개념은 새로운 것이 아니다.

예수님 당시에도 이런 사상이 있었다.

한번은 바리새인들이 이러한 자신들의 회원권을 주장하였다.

> "우리 아버지는 아브라함이라… 음란한 데서 나지 아니하였고 아버지는 한 분뿐이시니 곧 하나님이시로다"(요 8:39-41)

그들은 이러한 아브라함과의 혈연적 관계가 하나님 나라의 가족 회원권을 보장해 줄 것이라고 믿었다.

그들은 천국에 가기 위해 태어난 자들이거나 아니면 적어도 그렇게 생각하였다.

그러나 예수님의 대답은 그들의 기대를 일순간에 허물어 버리는 것이었다.

> "예수께서 가라사대 하나님이 너희 아버지였으면 너희가 나를 사랑하였으리니 이는 내가 하나님께로 나서 왔음이라 나는 스스로 온 것이 아니요 아버지께서 나를 보내신 것이니라 어찌하여 내 말을 깨닫지 못하느냐 이는 내 말을 들을 줄 알지 못함이로다 너희는 너희 아비 마귀에게서 났으니 너희 아비의 욕심을 너희도 행하고자 하느니라… 너희가 듣지 아니함은 하나님께 속하지 아니하였음이로다"(요 8:42-22, 47)

예수님 말씀에 의하면 지금 이 세상이나, 장차 올 세상에서 하나님 나라의 가족이 될 수 있는 특권은 단순한 혈연관계나 교회나 민족의 구성원이 되는 이상의 것을 요구한다는 것이었다.

천국에 갈 수 있다고 생각하는 두 번째 이유로 자신의 행위에 의지하려는 경향은 하나의 개체로서 자신을 어떻게 생각하느냐와 무관하지 않다.

천국은 우리가 지금까지 행한 일을 생각하면 당연한 권리라는 것이다.

우리는 낡은 방식으로 천국에 가며, 그럴 자격이 있다.

따라서 아무리 겸손히 표현하더라도 천국에 가는 것은 당연하다는 것이다.

⚜

실제로 자신의 생각을 이처럼 당당하게 표현하는 사람은 얼마 되지 않는다.

그러나 오늘날 대부분의 사람들은 자신이 충분한 자격을 갖추었다고 생각한다. 통계에 의하면 대다수 사람들은 자신을 평균 이상의 운전자로 생각한다고 한다.

대다수 사람들이 평균 이상이 된다는 것 자체가 불가능한 일임에도 불구하고 그렇게 느낀다는 것이다.

또한 사람들은 자신을 평균 이상의 사람이라고 생각한다.

자격시험이 있다면 충분히 합격할 수 있는 점수를 따놓았다는 것이다.

그러나 만일 우리의 운전 실력이나 삶이 평균보다 낫지 않다면, 어떻게 할 것인가?

우리는 모두 어느 정도 이러한 태도를 가지고 있다.

우리는 지금까지 신실하게 살아왔으며, 적어도 좋은 사람이 되기 위해 노력하였으며, 나쁜 일보다 좋은 일을 많이 했다고 생각한다.

천국은 확실히 마지막 날에 우리를 기다릴 것이다.

더욱이 다른 사람과 비교하면 우리보다 못한 사람도 많고(어쨌거나 교도소는 죄수들로 넘쳐나고 있다), 우리보다 확실히 품위가 떨어지는 사람도 있다.

어떻게 우리가 천국을 놓칠 수 있겠는가?

우리는 결코 천국에 들어가지 못할 만한 짓을 하지 않았다.

2. 확신에 대한 오류

다른 통계에 의하면 기독교 신앙에서 가장 거슬리는 가르침은 예수 그리스도만이 하나님 아버지께로 가는 유일한 길이며, 따라서 천국에 들어갈 수 있는 유일한 길이라는 말씀이라고 하니 놀랍지 않은가?

왜 사람들은 이러한 가르침이 거슬린다고 생각하는가?

자신의 분수를 망각하였기 때문은 아닌가?
그들은 이것이 예수님 자신의 말씀(요 14:6)이라는 사실을 잊어버린 것인가?
아니다.
이 말씀이 그들에게 거슬리는 이유는, 자신은 이미 천국 가는 길에 들어섰다는 생각을 여지없이 무너뜨리기 때문이다.
이 말씀은 천국에 들어갈 충분한 자격을 갖추었다는 사실에 의문을 제기한다.
그것은 그들이 가진 프랭크 시나트라풍의 자신감이나(내 식으로 해내었다), 비틀즈식의 확신(친구들의 도움으로 해내었다)을 허물어뜨린다.
우리에게 보다 자세한 통계가 없다는 사실은 유감이다.
만약 그런 통계만 있다면, 대부분 자신이 천국에 들어갈 수 있다고 확신하는 사람들의 오류를 꼬집어낼 수 있을 것이다.
그러나 궁극적으로 이러한 말씀이 거슬리는 이유는, 하나님 앞에서 우리 자신이 온전하지 못하다는 사실을 인정하지 않으려 하기 때문이다.

이와 관련하여 성경은 두 가지 중요한 사실을 제시한다.

첫째, 하나님은 거룩하시다.

이러한 거룩에는 그의 절대적 순수성이 포함된다.

그러나 이것은 무엇보다도 창조주로서 그의 높고 위대하신 성품과 관련된다.

하나님의 거룩하심은 그의 모든 사역과 신분을 특징짓는다.

그의 사랑은 거룩한 사랑이며, 그의 자비는 거룩한 자비이다.

그의 은혜는 거룩한 은혜이고, 그의 진노는 거룩한 진노이며, 그의 질투는 거룩한 질투이다.

이것이 바로 그가 모든 피조물로부터 경배와 섬김과 찬양을 받으시기에 합당한 분이 되시는 이유이다.

그는 거룩하시기 때문에 모든 피조물로부터 멀리 떨어져 계신다. 그는 피조 세계의 어떤 것과도 동일시되지 않으시며, 그것에 의해 제한을 받지도 않으신다.

그는 피조세계를 초월해 계시며 그것들로부터 구별된다.

이러한 구별됨은 그의 절대적 거룩을 나타낸다.

그러나 하나님은 우리의 죄를 싫어하시며, 그것으로부터 멀리 떨어져 계신다.

그의 눈은 너무 정결하시기 때문에 악을 보지 못하신다(합 1:13).

둘째, 우리는 거룩하지 않다.

우리는 처음부터 하늘에 계신 거룩하신 하나님과는 양립할 수 없는 상태로 태어났다. 우리는 감히 그의 존재 속으로 들어가기에 합당치 않은 자들이다.

우리는 나면서부터 하나님과는 적대적이었다.

다윗은 태어날 때부터 죄가 자신의 내면 깊숙이 뿌리박혀 있었다는 놀라운 사실을 발견하였다.

그는 "내가 죄악 중에 출생하였음이여 모친이 죄 중에 나를 잉태하였나이다"(시 51:5)라고 외쳤다.

우리는 선천적으로 하나님께 용납될 수 없는 자들이다.

우리의 부정함의 정도는 겉으로 드러난 행실보다 훨씬 깊이 뻗어있다.

그것은 우리의 마음 깊숙한 은밀한 곳까지 미치며 우리가 잉태되는 순간으로까지 한 개인의 일생을 거슬러 올라간다.

그러므로 우리의 존재는 거룩하신 하나님에 대한 용납할 수 없는 반역으로부터 시작한다.

사실 성경이 말하는 다른 세계는 거룩하신 하나님이 계시는 곳이다.
그곳에는 거룩하신 하나님이 계시기 때문에 범죄한 인생은 살 수 없다.
사실 천국에 대한 우리의 관심을 가장 예리하게 꿰뚫는 질문은, 만일 천국이 거룩으로 가득한 곳이라면, 그래도 그곳에 가고 싶겠느냐는 것이다.
이 세상과 천국을 이어주는 길은 원래부터 없으며, 둘 사이에는 끝없는 협곡만 있을 뿐이다.

프레데릭 윌리엄 페이버(Frederick W. Faber)는 찬송시를 쓸 때, 이러한 사실을 잘 알고 있었다.

당신의 보좌는 무한한 영광의 영들로 가득히 둘러싸여 있으나
이처럼 타락한 세상은 결단코 그러한 영광을 맛보지 못하니

정녕 그의 영광의 빛이 나의 벌거벗은 영혼을 비추기까지는

오! 어찌할까 이 어두운 땅에서 사악한 악으로 가득한 나는!

천국이 우리의 당연한 목적지라고 생각하는 것은, 하나님의 거룩하신 성품과 우리는 모두 그의 앞에서 부정하다는 사실을 망각한 것이다.

우리가 이러한 사실을 알기 전에는 결코 "아무도 아버지께로 올 자가 없다"라는 예수님의 말씀을 깨달을 수 없다.
이것은 모든 인류에게 해당되는 보편적인 말씀이다.
즉, 당시에 말씀을 들었던 사람들뿐만 아니라 우리 모두에게도 해당되는 말씀이다.
여기에는 예외가 있을 수 없다. '아무도' 란 말은 단지 몇 사람, 또는 소수의 집단이 허용된다는 부분적인 뜻이 아니다.
그것은 '한 사람도'(not even one)라는 의미이다.
그러나 예수님은 이러한 보편적 부정에 "나로 말미암지 않고는"(요 14:6)이라는 단서를 달았다.
확실히 예수님은 여기서 '아버지께로 올 자' 에 대해 말씀하고 계신다.
이것이 천국 가는 것과 무슨 상관이 있는가?

이 질문은 우리의 영적 상태에 대해 시사하는 바가 많다.

우리는 얼마 전에 라디오를 통해 유명 인사들이 나와 "천국은 어떤 곳이라고 생각하느냐"라는 질문에 대답하는 것을 들었다.

비록 프로그램 진행자는 그것에 담긴 중요성을 흘려버린 듯하였지만, 우리는 그들의 대답을 통해 다음과 같은 세 가지 공통된 사실을 발견할 수 있었다.

1) 인터뷰에 응한 사람들은 모두 천국을 믿었다.
2) 그들은 모두 그곳에 갈 수 있다고 생각했다.
3) 천국에 대해 말해달라는 질문에 아무도 그곳에 하나님이 계시다는 언급을 하지 않았다.

그러나 천국을 천국 되게 하는 것은 거룩하시고 사랑이 많으신 하나님의 존재이다.

천국은 하나님이 임재하시는 곳이기 때문에 천국에서 사는 것은 곧 그와 함께 영원히 사는 것이라고 할 수 있다.

3. 유일한 구주

예수 그리스도는 우리가 아버지와 함께 있기 위해서는 반드시 그를 통해야만 한다고 말했다.

이것은 우리가 천국을 가기 위한 필수 조건이다. 그의 은혜를 통하지 않고 다른 방법으로 천국에 가려는 사람은 결국 실망만 하게 될 것이다(마 7:21-23).

우리가 진정 그곳에 가기를 원한다면 그의 말씀을 그대로 믿고 그를 통해 아버지께로 가야 할 것이다.

예수님은 또한 왜 자신만이 우리를 천국으로 데려갈 수 있는지에 대해 설명하셨다.

그는 길이요 진리며 생명이시다(요 14:6).

그는 아버지께로 가는 유일한 길이며, 아버지의 진리이며, 아버지의 생명 자체이시다. 영원히!

- **그리스도는 길이시다.**

오직 그만이 우리의 죄와 아버지의 거룩하심 사이에 놓인 무한한 협곡의 괴리를 이어줄 수 있다.

하나님의 영원하신 아들로서 그는 아버지와 함께 누리던 영광을 떠나 죄 있는 육신의 모양을 입으셨다(롬 8:3).

그는 십자가의 죽음을 통해 죄 값을 치루셨다.

이러한 그리스도의 순종은 우리로 하여금 그와 함께 천국의 복된 삶을 누릴 수 있는 길을 놓으셨다. 그는 천국을 떠나 자신을 비우시고 사람의 육신을 입으시는 희생적 행위를 통해 이 길을 닦으셨다.

그는 우리의 무거운 죄를 지고 십자가에 달려 돌아가시기까지 자기를 낮추어 성부께 복종하셨다(빌 2:6-8).

그러나 그는 이러한 순종을 통해 부활 승천하셨으며, 하늘나라로 들어가심으로 우리를 위해 그 문을 여셨다.

따라서 그리스도는 죄인들이 하나님께로 갈 수 있는 유일한 길이 되신다.

그는 우리의 죄를 위해 자신을 성부께서 받으실만한 제물로 바치신 것이다.

이제 그는 성부 하나님과 함께 계시며, 그곳에서 자기 백성들을 위해 간구하신다(롬 8:34; 히 7:25).

- **그리스도는 진리이시다.**

오직 그만이 하나님 앞에서 우리의 진정한 모습이 어떠한지를 보여주실 수 있다. 그의 무죄한 삶은 우리에게 어둠과 사망의 지배 아래, 죄로 물든 세상의 진정한 모습을 보여준다.

죄는 우리의 눈을 가리고 속여 우리가 하나님께 열납될 수 있다고 생각하게 한다.

그러나 우리를 위해 십자가에 달려 버림을 받으신 그리스도만이 우리의 비참하고 열납될 수 없는 모습을 보여주실 수 있다.

물론 우리는 하나님의 율법을 통해 죄와 그것의 결과에 대해 배운다.

그러나 그것의 진정한 의미는 우리가 참으로 십자가를 바라볼 때 깨닫게 된다.

하나님은 바로 이 십자가에서 "죄를 알지도 못하신 자로 우리를 대신하여 죄를 삼으신 것"(고후 5:21)이다.

그리스도는 그곳에서 우리를 위하여 저주를 받은바 되신 것이다(갈 3:13).

우리의 죄를 위한 그의 죽음은 죄 안에 있는 우리의 진정한 모습을 보여준다.

그러나 우리의 죄를 위한 바로 그 죽음이 우리를 죄로부터 구원하시고 하나님께 열납되어 천국으로 들어가게 하신 것이다.

- **그리스도는 생명이시다.**

오직 그만이 지금 이곳과 장차올 저곳을 잇는 연결고리를 제공하실 수 있다.

예수님은 '생명'에 관해 언급하실 때 종종 우리가 현재적으로 경험하는 것과 전혀 다른 의미로 말씀하셨다.

성경에서 말하는 생명은 단순한 존재적 의미보다 '생명을 주는 자'(Life-giver)라는 의미에 가깝다. 성경에서 말하는 '영생'은 하나님과 그의 백성들 사이의 친밀한 교제가 영원히 계속되는 경험을 말한다.

이와는 별도로 바울은 우리가 비록 살았으나 하나님께는 죽은 자였다고 말한다(엡 2:1-4 참조).

성경적 관점에서 보면 이와 같이 그리스도가 없기 때문에 죽은 자는 살아 있다할지라도 그들의 생명은 바깥 어두움에서의 영원한 죽음을 잠시 가리고 있는 껍데기에 불과한 것이다!

그렇다면 그리스도가 자신을 생명이라고 한 것은 결코 놀라운 것이 아니다.

우리는 오직 그를 통해서만 하나님과의 교제를 누리고 유지하며, 영원한 삶을 확신할 수 있기 때문이다.

천국에 갈 수 있다는 스스로의 확신이나 자신감은 결코 우리를 그곳에 데려다주는 보장이 되지는 못한다.

오직 예수 그리스도만이 천국에 계신 하나님께로 가는 길이 되신다.

4. 우리의 공로인가, 그리스도의 공로인가?

예수님의 가르침과 달리 어떤 종교는 인간이 스스로의 노력으로 천국에 갈 수 있다고 가르친다.

이러한 노력은 인격적 수양이나 자기희생, 인도적 행위, 자신의 믿음에 대한 신실함이나 정직함, 또는 자선사업 등의 형태가 될 것이다.

그러나 예수님의 말씀에 의하면 우리의 구원에 기여할 수 있는 것은 결코 없다. 우리가 하나님께 어떤 것을 바칠지라도 우리의 죄를 보상하기에는 적절치 않다.

우리가 하는 일은 무엇이든 오염되었으며, 부적합한 것이다.

그것은 악을 참지 않으시는 거룩하신 하나님께 결코 열납될 수 없다.

그리스도의 희생은 하나님께 열납될 만한 것이었다.

세상에 계실 때 그의 삶은 하나님의 뜻에 철저히 복종한 삶이었으며, 성부께서 받으시기에 합당한 것이었다.

그는 완전한 삶을 사셨다.

그는 온 마음과 영과 혼과 힘을 다하여 주 하나님을 사랑하셨으며, 모든 계명을 온전히 지키셨다.

그는 오직 하나님만을 경배하였으며, 그의 이름을 헛되이 취하지 않으셨다.

그는 우상을 섬기지 않았으며, 안식일을 거룩히 지키셨다.

그는 언제나 육신의 부모를 공경하셨다.

그는 살인이나 간음이나 도적질하지 않았으며, 남의 것을 탐내지도 않으셨다(출 20:1-17).

그는 세상에 계실동안 모든 면에서 매 순간 완전하셨다.

아담은 그와 같이 살도록 지음을 받았다. 하나님은 그가 쉽게 순종할 수 있는 환경 가운데 두셨다.

아담은 모든 것을 자신의 마음대로 할 수 있었다. 그러나 그는 죄를 범하여 넘어지고 말았다.

복음서는 타락한 세계라고 하는 전혀 다른 환경에서 예수님의 순종이 어떻게 이루어지는지 생생하게 묘사한다.

예수님도 매우 열악한 환경에서 사단의 시험을 받으셨다. 그는 동산이 아닌 광야에서 시험을 받으셨다.

그곳은 먹을 수 있는 열매가 없어 굶주리셨으며, 아담에게 이름을 받기 위해 나온 온순한 동물들이 아닌 들짐승들만이 어슬렁거리는 곳이었다.

그러나 예수님은 이처럼 열악한 환경 가운데 시험을 받으면서도 결코 마음으로나 행동으로 굴복하지 않으셨다.

어느 누구도 예수님처럼 하늘의 하나님께 순종하지 못하였으며, 그렇게 할 수도 없다. 그러나 예수님은 단순히 순종하였을 뿐 아니라, '죽기까지 순종

하셨다.'

그는 불순종보다 죽음을 택하셨다. 그것도 '십자가에 달려 죽으시기까지' 복종하셨다(빌 2:8).

하나님은 온전한 거룩하심으로 우리 모두를 심판하실 수도 있었다. 그러나 그의 크신 은혜로 아들의 희생을 통해 자기 백성들이 범한 죄를 대신 지불하게 하셨던 것이다.

결국 하나님의 아들의 사명은 많은 사람을 위해 자기 생명을 대속물로 주시는 것이었다(막 10:45).

예수님은 자신의 죄로 인해서는 죽으실 필요가 없었다.

그는 죄를 범하지 않았기 때문에 우리의 죄짐을 자신의 등에 질 수 있었던 것이다.

예수님은 비록 겟세마네 동산에서 고난을 피하고자 하는 인간적 본성으로부터의 음성을 들었으나, 기꺼이 십자가를 지셨다(막 14:32-42).

그 결과 그리스도는 하나님께 버림을 받고 십자가에 달리셨다. 그는 자신이 버림받았다는 유기감에 심히 괴로워하셨다.

그는 자신이 경험하고 있는 내적 어두움으로부터 죄에 대한 하나님의 언약적 심판을 상징하는 바깥 어두움을 향해 왜 자신을 버리셨냐고 부르짖었다.

"나의 하나님 나의 하나님 어찌하여 나를 버리셨나이까"(마 27:46)

'고난 받는 종'으로 잘 알려진 이사야서의 유명한 한 구절은 이러한 예수님의 희생을 미리 보여준다.

"그는 멸시를 받아서 사람에게 싫어 버린 바 되었으며
간고를 많이 겪었으며 질고를 아는 자라
마치 사람들에게 얼굴을 가리우고
보지 않음을 받는 자 같아서 멸시를 당하였고
우리도 그를 귀히 여기지 아니하였도다"(사 53:3)

그 이유는 바로 제시된다.

"그가 찔림은 우리의 허물을 인함이요
그가 상함은 우리의 죄악을 인함이라
그가 징계를 받음으로 우리가 평화를 누리고
그가 채찍에 맞음으로 우리가 나음을 입었도다"(사 53:5)

왜 그는 이와 같이 버림을 받아 고통을 받고 있는가?
그 대답은 아마도 종의 고난 가운데서도 가장 놀라운 사실이 될 것이다.

"여호와께서 그로 상함을 받게 하시기를 원하사 질고를 당케 하셨은즉"(사 53:10)

그리스도의 십자가 죽음이 아버지의 뜻이었다는 것은 명백하다.
메시아는 하나님의 뜻에 따라 고난을 받으셨다. 그리스도의 십자가는 결코 우연이 아니다.
그러나 왜 하나님은 자기 아들에게 그 일을 하게 하셨는가?

그것은 하나님께서 영원하신 섭리 가운데 죄인들을 끝까지 사랑하기로 정하시고 영원히 죽을 수밖에 없는 그들을 구원하시기로 작정하셨기 때문이다.
하나님의 사랑만이 십자가를 설명할 수 있다.
그것은 하나님께서 세상을 사랑하사 독생자를 주셨기 때문이다.
이 사랑은 "그리스도에게 나아오는 자는 그와 함께 영원히 거할 것이다"라는 사실을 보장한다.
바울 사도는 "사랑 안에서… 그 기쁘신 뜻대로 우리를 예정하사 예수 그리스도로 말미암아 자기의 아들들이 되게 하셨으니"(엡 1:4-5)라고 하였다.
하나님의 뜻이 십자가를 지게 하셨을 뿐 아니라, 그의 기쁘신 뜻이 우리를 그의 아들의 가족으로 받아들이게 한 것이다.

5. 살아 있는 믿음

그러나 그리스도께서 이루신 일이 우리를 자동적으로 또는 기계적으로 천국으로 데려가지는 않는다.
그렇다면 어떻게 우리가 예수님이 성취하신 구원을 누릴 수 있는가?
예수님께서 돌아가실 때 그의 옆에는 두 명의 행악자가 함께 십자가에 달렸다. 다음은 누가가 그때의 상황을 기록한 본문이다.

> "달린 행악자 중 하나는 비방하여 가로되 네가 그리스도가 아니냐 너와 우리를 구원하라 하되 하나는 그 사람을 꾸짖어 가로되 네가 동일한 정죄를 받고서도 하나님을 두려워 아니하느냐 우리는 우리의 행한 일에 상당한 보응을 받는 것이니 이에 당연하거니와 이 사람의 행한 것은 옳지 않은 것이 없느니라 하고 가로되 예수여 당신의 나라에 임하실 때에 나를 생각하소서 하니 예수께서 이르시되 내가 진실로 네게 이르노니 오늘 네가 나와 함께 낙원에 있으리라 하시니라" (눅 23:39-43)

행악자 중 하나는 심히 분노하여 그리스도를 저주하였으나, 다른 한 사람은 친절히 예수님을 변호하기 시작하였다.
놀랍게도 그는 예수님의 죽음이 그들과 다르다는 사실을 깨달았다.

그는 자신과 그의 곁에 있는 다른 행악자는 마땅히 죽어야 하나 예수님은 잘못한 것이 없다고 생각하였다. 예수님은 자신이 범하지 않은 죄값을 치르고 계신 것이었다.

더구나 그 행악자는 당시 예수님의 비천한 상황에도 불구하고 그를 왕으로 생각하였다. 따라서 그는 자신의 죄를 자각하고(우리는 우리의 행한 일에 상당한 보응을 받는 것이니 이에 당연하거니와), 두려워하는 믿음을 가지고 담대히 예수님께 간청하였다.

"예수여, 당신의 나라에 임하실 때에 나를 생각하소서."

그것은 마치 "주여 나를 구원하소서. 주여 나를 천국으로 데려가주소서"라고 말하는 듯하다.
그때 예수님은 "오늘 네가 나와 함께 낙원에 있으리라"라고 말씀하셨다.

이 행악자와 같이 소위 임종을 앞에 둔 대화가 지금도 가능하다는 것은 얼마나 감사한 일인지 모른다.
그러나 대부분의 기독교 목회자들은 이런 경우가 매우 드물다는 사실을 알고 있다.

우리는 대부분 생전의 종교적 태도를 죽을 때까지 유지한다.

복음서 기자들 역시 우리의 구원 문제를 마지막 순간까지 늦추어도 된다는 생각을 장려하기 위해 이 이야기를 기록한 것은 결코 아닐 것이다.

※

십자가에 달린 강도의 신앙에 관한 이야기는 외견상 천국에 가는 전형적인 예로 보기는 어렵다. 그러나 그의 경험은 여러 면에서 하나의 완전한 예가 될 수 있다.

그는 자신이 범죄하였으며, 마땅히 처벌받아야 한다는 사실을 알았다.

그는 그리스도께서 다른 사람의 죄를 위하여 고난을 받고 계신다는 것을 알았다.

예수님은 무죄한 자로서 많은 사람들의 죄를 위하여 죽으셨다.

그가 간청한 내용에서 드러나듯이 그는 그리스도가 왕이라는 사실을 알고 있었다.

범죄자의 죄목을 기록한 패를 십자가에 부착하는 것은 당시의 관습이었다.

예수님의 십자가에는 "이는 유대인의 왕 예수라"(마 27:37)라고 쓴 죄패가 붙었다. 이것은 그를 조롱하는 말이었다.

그러나 한편 행악자는 그것이 사실임을 알고 그리스도께서 그의 나라에 임하실 때 자기를 기억해 달라고 했다.
이것은 회개한 사람의 기도였다.
즉, 오직 은혜로 말미암아 주님을 알고 스스로 구원할 수 없음을 깨달아 "예수여, 나를 생각하소서"라고 기도했던 것이다.
그는 마치 죽어가는 예수님을 위로하고 격려할 수 있는 일이라면 무엇이라도 하겠다는 듯이 예수님을 변호하는 실질적인 방법으로 회개를 하였다.

예수님은 이러한 그에게 "오늘 네가 나와 함께 낙원에 있으리라"라는 놀라운 약속을 하신다. 이것은 그가 요구한 것 이상이다.
그의 요구는 미래적인 것이었다. 그러나 그리스도의 대답은 현재로 직결된다.
"오늘 네가 나와 함께 낙원에 있으리라."
이것은 참으로 놀라운 말씀이다.

그의 믿음은 이제 시작이었고 여러 면에서 초보적이지만, 그가 예수님께 요구한 바로 그 날에 그리스도와 함께 낙원에 거할 것이라는 확신을 가지게 되었던 것이다.

임종을 앞에 둔 강도가 회개하고 믿음으로 모든 것을 맡긴 순간에 그에게는 그리스도와 함께 누리는 영생이 찾아왔다.
그에게는 죽는 그날부터 새로운 생명이 시작된 것이다. 이런 점에서 그는 특별한 경우에 해당한다고 할 수 있다.
그러나 그에 관한 진리는 우리에게도 해당된다.
우리는 우리의 죄를 대신 지고 십자가에 달려 돌아가신 그리스도를 믿음으로 용서와 새 생명, 그리고 천국에 대한 확신을 가질 수 있다.
이 모든 것은 오늘 즉시 가능하다.

6. 천국에 대한 확신

이미 그리스도에 대한 살아 있는 믿음을 가진 자는 이러한 사실에 대해 잘 알고 있을 것이다.

그러나 천국에 대한 확신은 그렇게 강하지 않을 수 있다. 때로는 확신이 들지 않아 괴로워하기도 할 것이다.

여러분은 진정 그리스도께서 여러분을 낙원으로 인도하실 것이라고 확신하는가?
물론 그럴 것이다. 그리스도께서 여러분을 위해 이루신 모든 것은 한 마디로 은혜라고 할 수 있다.
은혜는 거룩하신 하나님이 추하고 더러운 인간을 내려다보시고 자신을 영원히 그들에게 내어주신 것을 말한다.
그리스도의 죽음은 그것이 얼마나 큰 희생이었는지를 보여준다(롬 8:32). 그가 우리를 이처럼 사랑하셨다면 우리는 그가 결코 우리를 버리지 않으실 것이라고 확신할 수 있다.

그런데도 그리스도인이 천국에 대한 확신이 없는 이유는 무엇인가?
그 대답은 종종 우리의 구원관에서 찾을 수 있다.
우리는 "은혜를 인하여 믿음으로 말미암아"(엡 2:8) 그리스도에게로 왔다. 그러나 우리는 자신의 삶과 행위를 돌아보며 여전히 하나님께 열납될 수 없다고 생각한다.

그리고는 정말 천국에 들어갈 수 있을까라고 의심하기 시작한다.

문제는 이러한 생각이 복음의 진의를 왜곡시키고 있다는 것이다.

우리가 구원을 받은 것은 은혜로 말미암은 것이지 결코 우리 자신의 거룩함 때문이 아니다.

천국에 대한 확신은 우리의 공로나 신앙적 행위 때문이 아니라, 오직 그리스도로 말미암는 것이다.

물론 변화된 삶은 우리가 구원 받은 증거를 보여준다.

그러나 그것이 구원에 있어서 전적으로 안전한 닻은 결코 아니다. 그 이유는 우리의 거룩은 결국 부분적일 수밖에 없기 때문이다.

우리는 그리스도께서 우리를 위해 이루신 근원적인 것들을 완전히 망각할 만큼, 성령께서 우리 속에서 이루시고 있는 일에 모든 것을 내어맡겨서는 안 된다.

이와 같이 천국에 대한 확신은 우리가 전보다 조금 더 성화되었다고 오는 것이 아니다(물론 우리는 알게 모르게 하나님의 도우심을 통해 점차 그렇게 되어가고 있지만).

그것은 그리스도께서 우리를 위해 돌아가시고 그를 믿는 자를 결코 버리지 않겠다고 하신 말씀에 기인한다.

우리를 하나님의 손에서 빼앗을 자는 아무도 없다.

그는 우리에게 이러한 확신을 주셨다(요 10:27-30).

이것만이 유일한 근거이다.

천국은 우리가 실제로 확신할 수 있는 곳이다.

우리는 오직 예수 그리스도를 통해서만 그것을 확신할 수 있다.

천국은 믿음으로 자신을 그의 손에 맡긴 자들에게 약속되었다.

우리가 그를 믿고 의지하면 우리는 영원히 그의 것이 되며, 그는 영원히 우리의 것이 된다.

우리가 구원을 받은 것은 은혜로 말미암은 것이지 결코 우리 자신의 거룩함 때문이 아니다. 천국에 대한 확신은 우리의 공로나 신앙적 행위 때문이 아니라, 오직 그리스도로 말미암는 것이다.

제4장
천국의 모습

천국도 이와 같을 것이다.
외형적 환경에 대한 우리의 호기심을 만족시키는 것은 그리스도 자신이 그의 가족과 함께 그곳에 계시다는 사실에 비하면 아무 것도 아니다.
그는 우리를 반가이 맞으시며, 우리의 가정으로 인도하실 것이다.
더 이상 문자나 통신으로 연락할 필요도 없다.
우리는 얼굴과 얼굴을 대하여 그리스도를 보게 될 것이다.
그에게 우리의 사랑을 전하고 온 가족이 보는 앞에서 그를 경배하고 섬기는 것이 우리의 가장 큰 기쁨이 될 것이다.

이제 잠들려 하오니

주여 내 영혼을 지켜주소서.

만일 내가 잠에서 깨기 전에 죽는다면

주여 내 영혼을 받아주소서.

아이들은 200년이 넘도록 이 기도문을 외웠다.

어떤 사람은 이것이 유일하게 아는 기도일 것이다.

이것은 죽을 때 자비와 은혜를 구하는 기도이다.

또한 죽음의 신비에 대해 언급하는 기도이기도 하다.

오늘 밤 하루 일과가 끝난 후 기쁨과 뿌듯한 만족감으로 잠자리에 들지만 밤 새 이 땅에서의 삶이 끝날 수도 있으니, 그때 나를 천국으로 데려가 달라는 것이다.

천국은 어떤 곳인가?

거의 대부분의 부모들은 이런 질문을 받고 한동안 머뭇거리지 않을 수 없다.
우리가 만일 다른 중요한 질문에 시원찮은 대답으로 대충 얼버무린다면 얼마나 창피하겠는가?
예를 들어 그들의 삶이나 직업 및 결혼 문제에 관해 묻는다면, 성심성의껏 대답하고 가르치려 할 것이다.
천국도 마찬가지이다.

그러나 바른 대답을 하기 위해서는 질문을 보다 정확히 분석해야 한다.
우리 스스로는 아무리 생각해도 천국에 대해 알 수 없을 것이다.
하나님의 계시가 없이 어떻게 알 수 있겠는가?
그러나 이러한 신적 계시는 성경에 분명히 주어졌다.
성경은 천국에 대해 너무나 많은 것을 말하고 있다는 사실을 알면 놀랄 것이다.

우리는 일단 분명한 내용으로부터 시작하는 것이 좋다.

1. 하나님이 우리와 함께 하신다

성경이 가르치는 가장 기본적인 내용 가운데 하나는 하나님께서 자기 백성들과 함께 계신다는 것이다.
이것은 너무 분명하기 때문에 우리는 종종 너무 당연한 것으로 여기거나 간과하기도 한다.
그러나 우리는 하나님이 얼마나 거룩하신 분이시며, 우리가 얼마나 악하다는 사실을 점차 깨닫기 시작하면서 하나님께서 우리와 함께 하신다는 사실에 놀라게 된다.

~~~

모세는 이러한 사실을 심오한 방법으로 깨달았다.
모세가 하나님의 백성들을 인도하라는 명령을 받은 후 하나님께서는 그에게 "너는 네가 애굽 땅에서 인도하여 낸 백성과 함께 여기서 떠나서 내가 아브라함과 이삭과 야곱에게 맹세하기를 네 자손에게 주마 한 그 땅으로 올라가라"(출 33:1)라고 명령하셨다.

모세는 그 일을 해낼 수 있을 것이라는 확신을 갖지 못하고 주저하다가 "주께서 나더러 이 백성을 인도하여 올라가라 하시면서 나와 함께 보낼 자를 내게 지시하지 아니하시나이다"(출 33:12)라고 대답하였다.

그는 하나님이 명하신 일을 성취하기 위해서는 누군가 자신을 도와 안내자와 대변인의 역할을 맡아줄 사람이 필요했다.

그러나 모세는 무엇보다도 여호와의 함께 하심이 필요하다는 사실을 절감하였다. 그는 "주께서 친히 가지 아니하시려거든 우리를 이곳에서 올려 보내지 마옵소서"(출 33:15)라고 하였다.

이것은 결국 "주께서 우리와 함께 가지 않으시면 가지 않겠습니다"라는 뜻이다.

그는 그 이유에 대해 이렇게 말한다.

> "나와 주의 백성이 주의 목전에 은총 입은 줄을 무엇으로 알리이까 주께서 우리와 함께 행하심으로 나와 주의 백성을 천하 만민 중에 구별하심이 아니니이까"(출 33:16)

그는 하나님께서 함께하시는 것이 얼마나 중요한지를 알고 있었다.

그것은 곧 하나님의 백성이 다른 민족과 구별되는 이유이기도 하다.

하나님이 함께 하시지 않는다면 순종도 무의미하다.

다윗 왕은 나중에 이러한 확신을 고백하였다.

그가 사망의 음침한 골짜기를 지날 때에도 그를 지켜준 유일한 것은 "주께서 나와 함께 하심"(시 23:4)에 대한 확신이었다.

신약성경에서도 하나님의 임재는 그리스도 교회의 핵심적인 특징으로 제시된다.

그의 백성들은 성령의 거처로 묘사된다. 그리스도는 그의 영을 통해 우리와 함께 하시며 우리 안에 거하신다.

또한 그는 우리로 하여금 그의 성전이 되게 하시고, 그의 나라의 백성으로 삼으시며, 그를 섬기기 위해 구별된 다른 백성들과 특별한 교제를 나누게 하신다.

어떤 면에서 그리스도께서 우리를 위해 이루신 모든 것은 우리와 함께 거하시기 위함이다.

이런 이유로 예수님은 잡히시기 전 다락방 강화에서 '자기 백성들과 함께 하심'이란 주제를 특별히 강조하셨던 것이다.

그는 오순절 성령강림을 통해 자기 백성들과 함께 하실 것을 약속하셨다.

하나님은 그의 백성 가운데 거하시기 위해 그들을 구속하셨다.

모세는 이러한 사실을 잘 알고 있었다.

이것이 바로 그가 하나님께 자기 백성들과 함께해 주실 것을 요구한 이유이다.

그러나 여호와께서 그와 함께 하시기로 약속한 직후 모세는 자연스럽게 "원컨대 주의 영광을 내게 보이소서"(출 33:18)라고 하였다.

하나님의 특별한 임재의 약속은 이제 그의 영광을 보고 싶다는 간절한 바람을 가져오게 하였던 것이다.

왜 그런가?

그 이유는 하나님의 영광은 그의 임재에 담긴 모든 것을 충분히 구현하기 때문이다. 하나님의 영광을 보는 것은 단순히 그의 존재를 더욱 충만히 경험하는 것이다.

하나님의 임재를 경험한 모든 신자는 그것을 더욱 충만히 누리고 싶은 욕구를 드러낸다.
그것은 바로 하나님의 영광에 대한 갈구이다.
이런 이유로 예수님은 제자들이 그의 임재만 경험할 뿐 아니라("내가 저희 안에 아버지께서 내 안에 계셔"[요 17:23]), 그의 영광도 경험하게 해 달라고 기도하셨던 것이다.

> "아버지여 내게 주신 자도 나 있는 곳에 나와 함께 있어… 나의 영광을 저희로 보게 하시기를 원하옵나이다"(요 17:24)

여러분은 이것이 천국에 대한 우리의 이해에 어떤 조명을 던져주는지 알겠는가?

⁂

하나님은 이제 그의 백성들과 함께 하신다.
성부와 성자의 영은 특별한 방식으로 자기 백성들과 함께 거하신다(요

14:23).

그의 임재는 우리 안에 그의 영광을 보고 싶어 하는 마음을 주신다.

천국은 이러한 마음의 궁극적인 해답이다. 왜냐하면 그와 함께 있는 것과 그의 영광을 보는 것은 같기 때문이다.

물론 어느 면에서 하나님의 임재는 제한이 없다. 그는 무소부재하시며, 어디에나 계신다.

다윗은 이에 대해 시편 139편에서 길게 언급한다.

하나님은 이 세상 어느 곳이든 아니 계신 곳이 없다. 그러나 이러한 무소부재하심과 자기 백성과 함께 하시는 것은 다르다.

하나님은 매우 특별한 방식으로 자기 백성과 함께 하신다. 그는 그들과 함께 하시며 약속하신 언약에 따라 그들에게 복을 주실 것이다.

2. 영원한 축복이 있다

성경에서 가장 오래 된 것으로 가장 많이 인용되는 축복기도 또는 '축복 제문' (blessing formulas)은 대제사장이 하나님의 이름으로 비는 아론의 축복기도이다. 이것은 풍성하고 아름다운 복이다.

이어지는 구절은 모두 같은 내용에 대해 다른 표현을 사용하여 점차 고조되는 형식으로 진행된다.

> "여호와는 네게 복을 주시고 너를 지키시기를 원하며 여호와는 그 얼굴로 네게 비취사 은혜 베푸시기를 원하며 여호와는 그 얼굴을 네게로 향하여 드사 평강 주시기를 원하노라 할지니라 하라"(민 6:24-26)

'여호와는 네게 복을 주시고 너를 지키신다' 라는 말에는 하나님의 임재에 관한 가장 기본적인 사실이 담겨 있다. 그는 자기 백성들에게 선하시며 그들을 깊이 돌보신다.

이어지는 구절은 다른 표현을 사용하여 더욱 풍성한 방식으로 첫 번째 구절을 반복하며, 여호와의 임재를 통해 복을 주고 지키신다는 첫 번째 구절의 의미를 설명한다.

'여호와는 그 얼굴로 네게 비취사 은혜 베푸시기를 원하며…' 에는 여호와의 복과 돌보심이 그의 얼굴에 나타난다.

우리에게 복을 베푸실 때 그의 얼굴은 은혜와 기쁨으로 비추신다.

그는 마지못해서가 아니라 기꺼이 자기 백성을 사랑하신다.

대부분의 자녀는 자신을 바라보는 부모의 시선이 때로는 어떤 행동보다 많은 말과 아픔을 준다는 것을 안다.

본문에서도 마찬가지이다.

우리를 향하신 하나님 아버지의 얼굴에는 우리를 자식과 같이 여겨 우리의 모든 삶을 돌보시고 지키시는 눈빛과 시선이 담겨 있다.

※

하나님 아버지께서 우리를 기쁜 마음으로 바라보시며, 미소 지으시는 일은 확실히 그리스도인이 경험할 수 있는 가장 풍성한 경험이다.

하나님이 우리를 지극히 사랑하사 성령으로 우리와 함께 계시려 하신다는 사실(요 14:23)을 아는 것은 이 세상이 주는 어떤 즐거움보다 더 큰 기쁨이 아닐 수 없다.

우리가 복과 지키심을 받는다는 것은 곧 우리를 사랑하시고 돌보시며 즐거워하시는 아버지로서 하나님의 기쁨을 함께 누리는 것이다.

그의 얼굴은 우리를 향해 비취고, 그의 사랑은 우리를 감싸주시며, 그는 우리에게 은혜를 베푸신다.

아론의 축복의 마지막 구절은 첫 번째 구절을 더욱 확대한다.

"여호와는 그 얼굴을 네게로 향하여 드사 평강주시기를 원하노라."

아버지의 실망스러운 시선보다 더 큰 고통은 아버지가 자식을 아예 보지 않는 것이다.
하나님 아버지도 마찬가지이다.
그가 우리를 더 이상 보지 않으려 하신다는 것만큼 참기 어려운 것은 없다.
그러나 감사하게도 하나님은 얼굴을 우리를 향해 드신다.
그는 우리의 죄로 말미암아 등을 돌릴 수도 있지만, 그렇게 하지 않으신다.
대신에 그는 우리의 죄를 지고 십자가의 형벌을 받으신 자기 아들에게 등을 돌리셨다.

이것이 무엇을 뜻하는지 생각해보라.
예수님께서 우리의 죄를 지고 하나님 앞에 나아가셨을 때, 아론의 축복은 다음과 같이 바뀌었다.

여호와는 네게 복을 주시고	여호와는 너를 저주하사
너를 지키시기를 원하며	너를 버리시며
여호와는 그 얼굴로	여호와는 그 얼굴로
네게 비취사	네게 찌푸리사
은혜 베푸시기를 원하며	정죄하시며
여호와는 그 얼굴을	여호와는 그 얼굴을
네게로 향하여 드사	너로부터 돌리시사
평강주시기를 원하노라	슬픔을 주시리라

이제 우리는 우리를 자비롭게 바라보시는 그의 얼굴의 축복을 경험한다.

그는 단지 그의 얼굴로 비취실 뿐 아니라, 우리를 향해 비취신다.

그는 단지 얼굴을 드실 뿐 아니라, 우리를 향해 드신다.

그는 우리를 사랑스러운 눈길로 바라보시며, 평화를 주신다.

그것은 일시적인 평화가 아니다.

그것은 이전에 우리가 대적하였던 하나님과 화목하게 하는 궁극적 평화이다.

우리가 이러한 함축에 대해 생각할 때 천국이 왜 그토록 영광스러운지를 깨닫게 된다.

"그러므로 우리가 믿음으로 의롭다 하심을 얻었은즉 우리 주 예수 그리스도로 말미암아 하나님으로 더불어 화평을 누리자 또한 그로 말미암아 우리가 믿음으로 서 있는 이 은혜에 들어감을 얻었으며 하나님의 영광을 바라고 즐거워하느니라"(롬 5:1-2)

모세의 경우와 마찬가지로 오늘날 우리에게 있어서도 하나님의 임재의 축복은 그 얼굴로 우리를 향하사 그리스도 안에서 우리를 사랑으로 품으시는 축복이다.

그것은 우리에게 평화를 가져온다.

그렇다면 모세가 여호와께서 그들과 함께하시기를 간절히 구한 것은 결코 놀라운 일이 못된다.

또한 하나님의 임재의 약속이 모세로 하여금 하나님의 영광을 구하게 한 것도 결코 놀라운 일이 아니다.

그는 왜 그의 얼굴조차 보여주지 않으려 하셨는가?

3. 우리의 가정이 그곳에 있다

그러나 본서는 천국에 관한 책이다.

이 모든 것이 천국과 무슨 관계가 있는가?

사실 이러한 내용은 전적으로 천국과 관련된다.

왜냐하면 사후 세계에 관한 성경의 가르침은 우리가 어디에 있게 될 것인가라는 것보다 누구와 함께 있게 될 것인가에 초점을 맞추기 때문이다.

그리스도인은 하나님의 자녀이다.

그는 우리의 아버지시며 양자의 영을 주신다(롬 8:15-17; 갈 4:4-7).

성령께서는 지금 우리 안에 거하시며 우리가 영원히 하나님과 함께 있게 될 것이라는 보증이 되신다(엡 1:13-14).

이것을 요한복음 14장 1-3절에 나오는 예수님의 유명한 말씀에 비추어 생각해보라.

> "너희는 마음에 근심하지 말라 하나님을 믿으니 또 나를 믿으라 내 아버지 집에 거할 곳이 많도다 그렇지 않으면 너희에게 일렀으리라 내가 너희를 위하여 처소를 예비하러 가노니 가서 너희를

위하여 처소를 예비하면 내가 다시 와서 너희를 내게로 영접하여 나 있는 곳에 너희도 있게 하리라"

ˇ

하나님께서 우리를 위하여 예비해 놓으신 처소는 어떤 곳인가?
요한복음 14장 2절에서 '처소'(mansion)로 번역된 헬라어 단어는 신약성경의 본 장에서만 나온다.
이 용어의 기본적인 개념은 우리가 천국에 집(house)을 가진다는 개념이 아니라 우리의 가정(home)이 그곳에 있다는 뜻이다.

우리는 비록 정확한 용어 정의는 하지 못할지라도 집과 가정의 차이에 대해서는 직관적으로 알고 있다.
사람들이 집이 어디냐고 물으면 우리는 대개 가족이 있는 곳을 말한다.
이것이 바로 우리에게 가정이라는 용어가 가지는 장소적 의미이다.
그것은 단순한 집이 아니다.
예수님이 제자들에게 약속하신 것은 단지 천국에 집을 마련하겠다는 뜻이 아니다.
그가 강조하신 것은 우리가 그곳에서 누리는 관계적 측면, 즉 가정에 대한 것이었다.

이 단어는 요한복음 14장 23절에서 유일하게 다시 언급된다.

"예수께서 대답하여 가라사대 사람이 나를 사랑하면 내 말을 지키리니 내 아버지께서 저를 사랑하실 것이요 우리가 저에게 와서 거처(abode)를 저와 함께 하리라"

본문의 거처(abode)는 가정(home)을 의미한다.
그리스도께서 언급하신 것은 우리가 그를 사랑하고 그의 계명을 지킬 때 우리와 예수님, 그리고 우리와 아버지의 관계가 더욱 깊어진다는 것이었다.

실제로 예수님은 14장 서두에서 이와 동일한 말씀을 하신다.
그는 근심하는 제자들에게 자신이 가는 것은 집을 세우기 위해서가 아니라 자신의 사역이 완성된 후 그들이 경험하게 될 관계를 더욱 깊게 하기 위해서라고 말씀하셨다.
다시 말하면 천국은 그들이 지금까지 세상에서 경험하지 못한, 하나님과의 보다 풍성하고 충만한 관계가 될 것이라는 것이다.

따라서 이와 같이 완전한 관계를 누리는 것이야말로 "천국은 어떤 곳이냐?"라는 질문에 대한 부분적인 대답이 될 수 있다.

여러분은 그곳에서 결코 혼자가 아니며, 동료가 없어 외롭거나 쓸쓸하지 않으며, 언제나 하나님의 임재하심 가운데 완전한 만족을 누릴 것이다.

천국에서 그리스도나 다른 사람들과 누리는 관계는 모든 면에서 완벽할 것이다.

༄

천국에서 사는 것은 결국 하나님과의 관계가 절정에 이르는 것임을 깨달으면서 우리는 그곳에서 우리가 누릴 지극히 풍성한 것들이 제대로 보이기 시작한다.

그런데 이것이 우리의 삶에 끼치는 영향은 대부분의 사람들이 기대하는 것과는 정반대이다.

흔히들 지나치게 천국만 생각하는 신앙적인 사람은 아무 짝에도 필요 없다고 말하지만, 이것은 실로 잘못된 말이다.

성경은 이와 전혀 다른 관점을 제시한다.

우리의 실제적인 문제는 천국을 향한 마음이 충분하지 않다는 것이다.

우리가 만일 천국에서 우리를 기다리고 있는 모든 것들에 대해 안다면 우리가 지금 이 땅에서 사는 방식은 크게 달라질 것이다.

아마도 우리는 참으로 중요하고 궁극적인 것에 모든 관심을 기울일 것이다.

사후세계는 이런 식으로 이 땅에서의 삶과 밀접하게 연결된다.

이와 같이 천국을 하나의 관계적 측면에서 바라보는 관점에 초점을 맞출 때, 다른 모든 것들에 대한 바른 시각을 가지게 된다.

4. 그리스도와 함께 있게 된다

그리스도인에게 "당신이 죽으면 영혼은 어떻게 되는가?"라고 물어보라.

이것은 '정해진 각본에 따라 묻는 질문'이 분명하지만, 우리는 대개 이런 질문을 받으면 다소 주저하게 된다.

이 질문에는 어떤 함정이 있는가?

대개의 경우 질문을 받는 사람은 "그것(영혼)은 천국으로 간다"거나 "그것은 그리스도와 함께 있게 된다"라는 식의 대답을 할 것이다.

이것은 어떤 면에서는 맞는 말이지만 사실은 질문이 내심 의도하고 있는 사고방식을 그대로 답습한 답변에 불과하다.

이번에는 그에게 다른 방법으로 물어보라.
"당신이 죽으면 당신의 영혼은 천국에 간다. 그러면 너는 어디에 가느냐?"
그러면 대개 "천국에 간다"라고 대답할 것이다. 물론 당연한 말이다.
그러나 앞의 대답에서 천국으로 가는 것은 '그것'이었다.
우리가 죽으면 하나의 인격체에서 '그것'으로 바뀐다는 것이 말이 되는가?
우리가 말하고자 하는 요점은 이것이다.
즉, 우리는 죽으면 우리 자신-비인격적 부분이 아니라-이 그리스도와 함께 있게 된다는 것이다.

바울이 자신의 죽음을 염두에 두고 한 말을 생각해보라.
그는 자신에게 사는 것은 그리스도라는 사실을 알고 있었다.
그는 또한 죽는 것도 유익하다고 생각했다.
그의 강조점은 그리스도와의 인격적 관계에 있었던 것이다.

"그러나 만일 육신으로 사는 이것이 내 일의 열매일진대 무엇을 가릴는지 나는 알지 못하노라 내가 그 두 사이에 끼었으니 떠나서 그리스도와 함께 있을 욕망을 가진 이것이 더욱 좋으나 그러나 내가 육신에 거하는 것이 너희를 위하여 더 유익하리라"(빌 1:22-24)

바울은 떠나서 그리스도와 함께 있고 싶었지만, 그(he[바울 자신])가 육신에 거하는 것이 필요했다.

본문 어디에도 어떤 것(thing)이 천국으로 간다는 암시는 없으며, 어디까지나 바울 자신이 주와 함께 거할 것이라고 말한다.

그가 말하는 '유익'은 그리스도의 임재이다. 그는 이 땅에서 경험한 어떤 것보다 깊고 풍성한 관계를 천국에서 누리게 될 것이다.

따라서 우리 그리스도인이 죽으면 우리 자신이 그리스도와 함께 있게 된다.

우리의 현재 모습이 전부 다는 아니다. 우리는 그리스도와 함께 있지만 우리에게는 마지막으로 곡식을 거두는 추수 때가 남아 있다.

지금까지 우리는 사후의 삶에 관해 다음과 같은 세 가지 중요한 사실을 알았다.
1) 우리는 그리스도와 함께 있게 되므로 그와의 관계는 더욱 풍성하고 깊어

진다.
2) 그리스도인으로 죽으면 우리 자신(부분이 아니라)이 그리스도와 함께 있게 된다.
3) 천국에서의 삶은 모든 것의 끝이 아니다. 우리에게는 더 많은 것이 기다리고 있다.

5. 얼굴과 얼굴을 대하여 마주본다

천국은 어떤 곳인가?

우리는 이미 이 질문에 대한 답을 하고 있다.
그리스도인들은 천국에서 그리스도와 보다 깊은 관계를 경험하게 될 것이다.
루터파 학자 벵겔(J. A. Bengel)은 "내게 사는 것이 그리스도니 죽는 것도 유익함이니라"는 바울의 말을 인용하여 이것을 더욱 아름답게 표현하기를 "내게 사는 것은 그리스도요 죽는 것은 더욱 그리스도이다"라고 하였다.
따라서 만일 누군가 천국이 어떤 곳이냐고 묻는다면, 지금 우리가 그리스도와 함께 누리는 삶이 곧 천국의 삶이라고 대답할 수 있을 것이다.

이 질문이 당황스러운가?
그렇다면 문제의 핵심을 붙잡아야 한다. 여러분은 천국에 가기를 원한다.
그러나 천국은 그리스도와 그의 임재에 의해 지배를 받는다.
천국은 그를 사랑하며, 그의 임재가 자신의 전부인 사람들을 위한 것이다.
그것은 그리스도를 섬기고 사랑의 교제를 나누는 가운데 영원히 그와 함께 사는 것이다.

여러분이 만일 지금 그리스도를 원하지 않는다면, 어떻게 죽어서 천국을 원할 것이라고 생각하는가?

그러나 그리스도가 우리에게 모든 것이 되신다면 어떻겠는가?
그러면 천국에서 그리스도와의 관계가 절정에 이르게 될 것이다.
우리는 지금도 그의 임재와 은혜를 경험하지만, 그때가 되면 이러한 것들을 최고조로 누리게 될 것이다.
여러분이 하나님의 은혜와 사랑을 특별히 많이 느꼈던 때를 생각해보라.

천국은 바로 그러한 순간의 연장이며, 더욱 충만하고 영속적인 경험이 될 것이다.

◈

옛 성도들의 전기는 이러한 사실을 웅변적으로 대변한다.

그들은 각자 자신의 방식으로 그것을 표현한다.

북아프리카의 어거스틴(Augustine)은 "나의 마음이 안식을 찾았다"라고 말했으며, 독일의 루터(Martin Luther)는 "천국 문이 열렸다"라고 했다.

프랑스의 파스칼(Blaise Pascal)은 "불과 같은 것"에 대해 언급하였으며, 영국의 존 웨슬리(John Wesley)는 "나의 마음이 이상하게 뜨겁다"라고 했다.

아이작 왓츠(Isaac Watts)는 교회를 향해 "은혜를 받은 성도들은 이 땅에서 시온의 영광을 보았다"(찬송가 249장의 7절 가사로 현재는 생략/역자 주) 고 노래하라고 가르쳤다.

천국은 그리스도에 대한 이와 같은 경험의 절정이며, 이러한 천국의 기쁨은 우리가 그리스도를 얼굴과 얼굴을 대하여 볼 때 온다.

사람들이 "천국은 어떤 곳이냐?"라고 물을 때, 그들이 기대하는 대답은 주로 천국을 지배하는 그리스도와의 충만한 관계보다 천국의 외형적 특징에 관한 것이다.

우리는 천국을 하나님과 함께 하는 가정의 개념으로 생각해야 한다.

천국은 단순한 집이 아니다.

6. 요한계시록은 이렇게 묘사한다

계시록은 천국에 대해 다양한 묘사를 한다.

특히 4, 5, 6장은 천국의 영광에 대해 생생하게 묘사한다.

이 엄청난 환상에서 요한은 열린 문을 통해 천국을 보게 된다.

그는 하나님이 계신 곳으로 들어갔다.

그의 앞에는 어마어마한 보좌가 놓여 있고, 그 보좌 위에 누군가 영광스러운 분이 앉아 계셨다.

보좌로부터 번개가 나오고 뇌성이 우르릉거렸다.

보좌 주위에는 신기한 네 생물이 있었으며, 마치 예배 인도자와 같은 행동을 하였다.

"그들이 밤낮 쉬지 않고 이르기를

거룩하다 거룩하다 거룩하다

주 하나님 곧 전능하신 이여

전에도 계셨고 이제도 계시고 장차 오실 자라 하고

그 생물들이 영광과 존귀와 감사를 보좌에 앉으사

세세토록 사시는 이에게 돌릴 때에

이십사 장로들이 보좌에 앉으신 이 앞에 엎드려

세세토록 사시는 이에게 경배하고

자기의 면류관을 보좌 앞에 던지며 가로되

우리 주 하나님이여

영광과 존귀와 능력을 받으시는 것이 합당하오니

주께서 만물을 지으신지라

만물이 주의 뜻대로 있었고

또 지으심을 받았나이다"(계 4:8-11)

본문은 사실적인 언어와 상징으로 가득하다.

그러나 목적은 분명하다.

그것은 천국에 있는 것들은 보좌에 앉으신 분께 날마다, 밤낮 경배하며 찬양을 드린다는 것이다.

이것은 천국이 예배가 끊이지 않는 곳임을 분명히 보여준다.

6장에서는 이 드라마에 무엇인가 새로운 일이 일어난다.

죽임을 당한 어린 양으로 묘사되는 예수 그리스도께서 일곱 인으로 봉한 하나님의 섭리의 책을 열기 시작한다.

그가 다섯째 인을 떼실 때 우리는 천국에서 다음과 같은 일이 일어나는 것을 보게 된다.

> "다섯째 인을 떼실 때에 내가 보니 하나님의 말씀과 저희의 가진 증거를 인하여 죽임을 당한 영혼들이 제단 아래 있어 큰 소리로 불러 가로되 거룩하고 참되신 대주재여 땅에 거하는 자들을 심판하여 우리 피를 신원하여 주지 아니하시기를 어느 때까지 하시려나이까 하니 각각 저희에게 흰 두루마기를 주시며 가라사대 아직 잠시 동안 쉬되 저희 동무 종들과 형제들도 자기처럼 죽임을 받아 그 수가 차기까지 하라 하시더라"(계 6:9-11)

계시록에는 여러 가지 신비한 내용들이 제시되지만 본문에 제시된 몇 가지 내용의 의미는 분명하다.

우리는 어린 양이 다섯째 인을 떼실 때 한 무리의 사람들이 천국에 있는 것을 볼 수 있다.

이것은 5장에 제시된 장면과는 다르다.

5장에서는 사람들이 창조주 하나님께 오직 찬양과 경배만 드린다. 그러나 본문에서는 그들이 하나님께 부르짖고 있다. 그들은 예배에 직접 동참하고 있지 않는 것처럼 보인다. 대신에 그들은 큰 소리로 '심판하여 주지 아니하시기를… 어느 때까지 하시려나이까' 라고 부르짖는다.

천국에 있는 이들은 불평을 하고 있는 것이 아니라, 기도하고 있는 중이다. 그들은 전능하신 하나님께 마치 오늘날 우리가 그의 자녀 된 자로서 기도하듯이 부르짖고 있는 것이다.

사실 본문에서 성도들이 부르짖는다는 뜻으로 사용된 단어는 바울이 하나님의 자녀들이 '아바 아버지'(롬 8:15)라고 부르짖는다고 했을 때 사용한 단어와 동일하다. 우리가 부르짖는 것은 심한 통곡과 눈물로 '아바 아버지여' 라고 부르짖으셨던 우리의 구주 예수님(막 14:36; 히 5:7)을 따른 것이다.

7. 장차 임할 천국을 기대하라

지금 여기서(here and now)의 삶은 예수님의 초림과 시기를 알 수 없는 재림 사이의 기간이다.

계시록은 이러한 긴장이 만물의 마지막 종말까지 신비한 방식으로 지속될 것이라고 말한다.

이것은 이미 천국에 있는 사람들의 관점에서도 드러난다.

사실 이러한 긴장은 그리스도께서 마지막 때에 다시 오셔서 새 하늘과 새 땅을 창조하실 때까지 지속될 것이다.

우리는 천국에 있는 성도들이 불평하며 투덜거리고 있다고 생각해서는 안 된다.

"거룩하고 참되신 대주재여 땅에 거하는 자들을 심판하여 우리 피를 신원하여 주지 아니하시기를 어느 때까지 하시려나이까"(계 6:10)라는 그들의 부르짖음을 주기도문의 관점에서 생각해보라.

우리는 "나라이 임하옵시며 뜻이 하늘에서 이룬 것같이 땅에서도 이루어지이다"(마 6:10)라고 기도한다.

우리는 이 기도를 통해 아버지께서 이 땅에 자신의 나라를 최대한 임하게 해 달라고 구한다.

이러한 간구는 그리스도께서 "모든 정사와 모든 권세와 능력을 멸하시고 나라를 아버지 하나님께 바칠"(고전 15:24) 그 날에 응답이 될 것이다.

그러므로 이 기도는 불평이나 투덜거리는 기도가 아니며 먼저 원수를 갚아 달라는 기도도 아니다.

제단 아래에 있는 순교자들은 하나님이 공평하게 대하지 않는다고 불평하고 있는 것이 아니다.

그들은 하나님의 나라, 천국이 임하기를 바라고 있으며, 나아가 우리의 왕 되신 주 예수 그리스도의 재림과 하나님께서 진행하시는 역사의 목적이 성취되는 절정의 순간이 오기를 바라고 있는 것이다.

이러한 간구는 하나님의 영광이 이 땅에서 완전히 실현되기를 바라는 요구이다.

이것은 하나님의 확실한 약속과 다시 오시겠다는 그리스도의 약속에 근거한 것이다.

이것이 바로 천국에 있는 순교자들이 기도하고 있는 내용이다.

그들은 하나님의 나라가 이루어질 것을 구하고 있다.

그렇게 되면 하나님의 의는 완전히 실현될 것이다.

그들이 그리스도의 재림에 대해 가지는 가장 우선적인 관심과 소망은 개인의 구원이 아니라 그의 영광이다.

따라서 우리도 천국에서 종말을 기다릴 때 동일한 소망을 가지게 될 것이다.

༺✦༻

이것이 바로 "천국은 어떤 곳인가?"라는 물음에 대해 부분적으로나마 성경이 제시하는 답이다.

우리는 그곳에서 결코 지금과 같이 무기력하거나 냉담하지 않은 상태에서 하나님을 경배하게 될 것이다.

우리는 지금과 같은 나약함과 수치스러움과 죄 의식이 없이 그와 함께하는 삶을 누릴 것이다.

우리는 우리를 만드시고 사랑으로 구원하신 분께 경배하며 영광을 돌리는 특권을 가질 것이다.

그러나 천국에서의 삶에는 한 가지가 더 남아 있다.

우리가 하나님을 경배하고 영광을 돌리는 동안 우리가 최종 목적지에 아직 도착하지 않았다는 사실을 알게 될 것이다.

따라서 제단 아래 있는 자들과 같이 우리도 하나님을 향해 속히 이 땅에 종말이 임하여 장차 임할 세상이 시작되게 해 달라고 기도할 것이다.

우리는 그의 통치가 모든 피조 세계에 완전히 실현되기를 기도할 것이다.

우리는 "오 주여, 언제까지니이까?"라고 기도할 것이다.

오늘날 많은 사람들이 그러하듯, 우리는 때때로 가족과 떨어져 오랜 시간을 보낸다.

전화나 편지, 엽서 및 전자메일도 있지만, 왜 그런지 시간이 빨리 가지 않는 것 같다.

통신수단을 통해 아무리 자주 연락해도 가족과 얼굴을 맞대고 함께 있는 것과는 다르다.

이런 상황에서 어떤 사람이 드디어 집으로 돌아가게 되었다.

그는 여러 가지 이유로 집으로 바로 가지는 못하였다.

그러나 그는 그렇게도 사랑하고 보고 싶어 하던 아내가 공항에 기다리고 있는 것을 보는 것으로 충분했다.

집에는 가지 않았지만 그것은 중요하지 않다.

아내와 가족이 있는 곳이면 어디나 집(가정)이기 때문이다.

천국도 이와 같을 것이다.

외형적 환경에 대한 우리의 호기심을 만족시키는 것은 그리스도 자신이 그의 가족과 함께 그곳에 계시다는 사실에 비하면 아무 것도 아니다.

그는 우리를 반가이 맞으시며, 우리의 가정으로 인도하실 것이다.

더 이상 문자나 통신으로 연락할 필요도 없다.

우리는 얼굴과 얼굴을 대하여 그리스도를 보게 될 것이다.

그에게 우리의 사랑을 전하고 온 가족이 보는 앞에서 그를 경배하고 섬기는 것이 우리의 가장 큰 기쁨이 될 것이다.

"천국은 어떤 곳인가?"

천국은 우리가 가정으로, 그리스도에게로 돌아가는 것과 같다.

그러나 천국은 그것으로 끝나지 않는다.

앞으로 살펴보겠지만, 아직 더 남은 것이 있다.

사실 제임스 배리(James Barrie)의 유명한 희극 〈피터 팬〉(Peter Pan)에 나오는 한 소절은 그리스도인들에게 꼭 들어맞는다.

"죽음은 매우 놀라운 모험이 될 것이다."

천국은 그를 사랑하며, 그의 임재가 자신의 전부인 사람들을 위한 것이다. 그것은 그리스도를 섬기고 사랑의 교제를 나누는 가운데 영원히 그와 함께 사는 것이다.

제5장
천국의 시작

우리의 현재적 삶은 장차 지극히 크고 영원한 영광의 중한 것을 이루기 위함이라고 바울은 말한다(고후 4:17).
이 땅에서의 고난은, 말하자면 장차 우리를 보다 중요한 그릇으로 만들어내기 위한 토기장이의 손과 같은 것이다.
우리가 참으로 어떠한 그릇이 되었는지는(때로는 겉으로 드러나지 않지만) 부활의 영광에 들어갈 때에 분명히 드러날 것이다.

어떤 친구가 우연히 어느 상류사회 부인과 판자촌에 사는 한 소년이 나누는 대화를 엿듣게 되었다.

그 소년은 고급저택들을 유심히 바라보고 있었다. 그 중 하나가 부인의 집이었다.

소년은 그곳을 가리키며 "당신은 저 판자촌에 삽니까?"라고 물었다.

그녀는 어처구니가 없었다.

거금을 투자하여 지극정성으로 돌보고 있는 아름다운 저택을 어떻게 판자촌으로 볼 수 있다는 말인가?

이것은 마치 오늘날과 같이 세속화된 사회가 하나님께서 장차 하실 일에 비한다면, 단지 인간이 점거하고 있는 판자촌에 불과하다는 사실을 믿기 어려운 것과 마찬가지이다.

현재적 관점에서 볼 때 세상은, 아무리 웅장하고 실제적이며, 튼튼한 것처럼 보여도 그것은 장차 올 실체의 그림자일 뿐이다.

여러분은 이것이 이해되는가?
우리는 망원경을 거꾸로 놓고 사물을 보는 경향이 있다.
우리에게는 지금 우리가 보고 느끼는 것들이 실제적이고, 구체적이며, 영원한 것처럼 보인다.
이에 비해 앞으로 올 세상은 비현실적이고 추상적이며 한낱 백일몽에 불과한 것처럼 보인다.
그러나 성경적 렌즈를 통해 보면 우리가 얼마나 근시안적인지 알 수 있다.
우리는 성경을 통해 우리의 현재적 경험이 "장차 우리에게 나타날 영광과 족히 비교할 수 없다"(롬8:18)는 사실을 알 수 있다.
장차 올 영광과 비교할 때 우리의 현재적 고난은 지극히 가볍고 일시적이라는 것이다.
실로 영원한 것은 보이는 것이 아니라 보이지 않는 것이다(고후 4:17-18).

문제는 우리의 가치관이 왜곡되었다는 것이다.

우리는 눈에 보이는 덧없는 것들을 중하게 여기고 눈에 보이지 않는 영원한 것들은 경시한다.

이것이 바로 우리가 이 세대를 본받지 말고 오직 마음을 새롭게 함으로 변화를 받으라는 명령을 되새겨 보아야 하는 이유이다(롬12:1-2).

마지막 시대에 대한 성경의 가르침은 이 세대의 정신구조를 바꾸어야 한다는 것이다.

신약성경에서 하나님께서 장차 하실 일에 대한 실마리는 예수님의 부활에서 찾을 수 있다.

성경은 예수님의 부활에 대해 장차 올 추수의 첫 걸음이라고 말한다.

예수님은 장차 있을 우주적 부활의 원형이다.

달나라에 첫발을 내디딘 닐 암스트롱의 유명한 말을 생각해 보라.

그는 개척자였으며, 자신의 위업에 대해 "이는 한 개인의 작은 발걸음이지만 인류에게는 거대한 도약"이라고 했다.

인간이 달에 남긴 발자국의 의미는 그리스도께서 무덤을 뚫고 남기신 첫 발자국에 비하면 아무 것도 아니다. 그의 부활은 오늘날 우리의 영적 부활을 가져왔을 뿐 아니라(벧전 1:3), 마지막 날 추수 때 부활의 첫 열매가 되신다.

예수님의 부활과 함께 어둠의 세력은 순식간에 극적으로 역전되었다. 하나님의 미래적 영역이 현재적 영역 속으로 들어왔으며, 종말에 속한 사건-부활-이 그리스도 안에서 미리 도착하였다.

1. 첫 번째 부활, 그리스도

예수님의 부활의 핵심적 의미는, 그것이 구원과 중생, 그리고 장차 있을 우주적 부활의 절정을 이룰 하나님의 부활 사역의 서막에 불과하다는 사실에 있다.
바울은 이에 대해 다음과 같이 말한다.

> "그러나 이제 그리스도께서 죽은 자 가운데서 다시 살아 잠자는 자들의 첫 열매가 되셨도다 사망이 사람으로 말미암았으니 죽은 자의 부활도 사람으로 말미암는도다 아담 안에서 모든 사람이 죽

은 것 같이 그리스도 안에서 모든 사람이 삶을 얻으리라 그러나 각각 자기 차례대로 되리니 먼저는 첫 열매인 그리스도요 다음에는 그리스도 강림하실 때에 그에게 붙은 자요 그 후에는 나중이니 저가 모든 정사와 모든 권세와 능력을 멸하시고 나라를 아버지 하나님께 바칠 때라 저가 모든 원수를 그 발 아래 둘 때까지 불가불 왕노릇 하시리니 맨 나중에 멸망 받을 원수는 사망이니라 만물을 저의 발 아래 두셨다 하셨으니 만물을 아래 둔다 말씀하실 때에 만물을 저의 아래 두신 이가 그 중에 들지 아니한 것이 분명하도다 만물을 저에게 복종하게 하신 때에는 아들 자신도 그때에 만물을 자기에게 복종케 하신 이에게 복종케 되리니 이는 하나님이 만유의 주로서 만유 안에 계시려 하심이라"(고전 15:20-28)

본문에서 바울 사도는 장차 일어날 일은 과거에 잃어버린 것을 다시 찾아 회복하는 일이 될 것이라고 설명한다.
하나님의 질서는 다시 세워지고 완전하게 될 것이다.
이러한 일들이 일어나는 다섯 가지 단계에 대해 알아보자.

첫째로, 그리스도의 부활은 아담으로 말미암아 들어온 사망의 반전을 가져올 것이다(22-23절).

둘째로, 이 거대한 반전을 통해 '모든 정사와 권세와 능력' 및 사망을 비롯한 모든 그리스도의 원수들은 멸망할 것이다(24-26절).

셋째로, 그리스도는 하나님을 대적한 만물을 복종시키신 후 나라를 아버지에게 바칠 것이다(24절).

넷째로, 아들 자신도 아버지에게 복종하실 것이다(28절).
이것은 신약성경 전체에서 가장 충격적인 내용 가운데 하나이다.
아들이 아버지에게 복종하실 것이다!
그러나 이것은 성자의 신성이 성부보다 열등하다(서열상 두 번째의 신성을 가진다)는 의미는 아니다.
이러한 관계는 훨씬 신비하고 아름다운 것이다.

삼위 하나님은 창세 이전에 스스로 만유의 주로서 완전한 교제를 누리시며 깊은 만족과 기쁨 가운데 거하셨다.
하나님의 형상으로서 인간을 정점으로 하는 모든 피조세계는 아들에게 선물로 주어졌다(골 1:16; 히 1:2-3).
이어서 사람은 성자의 세계를 다스리고 관리하는 청지기의 특권을 부여받아 그것을 다스렸다(창 1:28).

그러나 인간의 불순종으로 말미암아 피조세계는 반역적 세계가 되어 성부의 뜻을 거스르고 성자의 주 되심도 버렸다.

성령의 교제를 통해 사랑 가운데 함께 거하시던 성부와 성자는 이러한 세계를 회복시키기 위한 계획을 세우셨다.

성자는 인간의 속성을 입으시고 하나님 앞에서 인간을 대신하여 섬길 것이다. 그는 우리를 대신하여 복종하시고 우리의 불순종을 인하여 심판을 받으실 것이다.

그는 사형언도를 받아 십자가에서 수치스러운 죽음을 당하실 것이다.

그는 아담이 실패했던 일을 할 것이다. 그는 아담이 저지른 일의 결과를 원상회복할 것이다.

이것이 바로 바울이 그를 두 번째 아담이자 마지막 아담으로 부른 이유이다(고전 15:45, 47).

그의 죽음으로 일단 우리의 죄에 대한 모든 형벌이 치러지고 나면 성부께서는 사랑으로 순종하신 그를 다시 살리시고 영화롭게 하실 것이다.

이제 부활승천하신 성자께서는 다시 한 번 만물을 발아래 복종시키실 것이다. 성령의 능력으로 마지막 세상은 그에게 주어질 것이다(시 2:8; 마 28:18-20).

이 모든 일이 그리스도의 재림으로 웅대한 절정에 이르게 되면, 그는 자신의 세계를 다시 성부께 드릴 것이며, 성육신하신 성자 역시 아버지에게 복종하실 것이다.

다섯째로, 하나님은 그 후에 만유의 주로 나타나실 것이다(고전 15:28).

창세 이전에 자신 안에서(in), 자신을 향해(to) 거하시던 삼위 하나님은 만유를 회복하실 때에 새롭게 창조된 세상에 만유의 주로 나타나실 것이다.

이러한 내용은 요한계시록 마지막 두 장에 나타난 환상의 요지이기도 하다. 본문에는 옛 질서가 사라지고 하나님이 알파와 오메가, 시작과 끝이 되시며 만유의 주가 되신다.

이 마지막 우주 질서는 그리스도의 재림으로 시작이 된다.

그는 영광 가운데 우리가 보고 들을 수 있도록 인격적으로 오실 것이다. 죽은 자는 살아나고(단 12:2; 요 5:25-29; 행 24:15; 계 20:11-15), 산 자들은 변화될 것이다(고전 15:51).

모든 사람이 흰 보좌(계 20:11), 또는 하나님의 심판대(롬 14:10)-요한복음

5장 22절에 따르면 그리스도의 심판대(고후 5:10)-앞으로 나아올 것이다. 이어서 이 땅에서 육신을 입고 행한 일에 따라 판결이 내려질 것이다. 이것은 실제로 새 하늘과 새 땅에 들어가거나 지옥과 바깥 어두움의 심판을 받는 서곡이 될 것이다(계 21-22장).

이와 같이 성경에서 말하는 생명과 사망의 두 길은 영원히 나뉘게 될 것이다.
의인과 악인, 양과 염소, 알곡과 가라지는 최종적으로 구별될 것이다.
복 있는 자는 우편에 서서 은혜를 입을 것이며, 그렇지 않은 사람들은 좌편에서 부끄러움과 수치를 당할 것이다.
성경은 이러한 분리에 대해 분명하고 확실하게 말한다.
그러나 이러한 계시는 하나님의 우편에서 일어날 일과 관련하여 가장 분명히 제시된다.

2. 신자들의 부활

그리스도께서 오시면 죽은 자들이 부활할 것이다.

그리스도 안에서 죽은 자들은 다시 살아나고, 그리스도 안에서 살아있는 자들은 바울의 말처럼 '순식간에 홀연히' 변화할 것이다(고전 15:52).
모든 신자는 살아있든 죽었든, 변화할 것이다.

바울은 고린도전서 15장 35-49절에서 "죽은 자들이 어떻게 다시 살며 어떠한 몸으로 오느냐"라는 이같은 변화에 대한 질문에 대해 언급하였다.
그는 먼저 하나님께서 정하신 자연 현상을 들어 설명한다. 즉, 씨가 죽으면 꽃으로 부활한다는 것이다.
이어서 자연의 이치를 들어 모든 형체는 같지 않다는 사실을 가르친다.
이 땅의 모든 형체(육체)는 속(genus)은 같으나 종(species)이 다르며(39절), 하늘의 모든 형체(태양, 달, 별)도 속은 같지만 종은 다르다(40-41절).
그러나 땅의 형체와 하늘의 형체는 속이 다르다(40절).

바울이 말하려고 하는 요점은 현재적 몸과 부활한 몸 사이에는 중요한 연속점이 있지만, 부활한 몸은 이 땅의 형체와는 전혀 다른 존재 질서에 속하게 될 것이라는 것이다.
그는 이러한 차이점을 영어로는 표현하기 어려운 두 가지 용어로 제시한다.

즉, 현재적 몸은 자연적(psychikon[natural])이며(육의 몸), 장래의 몸은 영적(pneumatikon[spiritual])이다(신령한 몸).

이러한 대조는 다음과 같은 세 가지 방식으로 확대된다.

현재의 몸	장래의 몸
썩을 것	썩지 아니할 것
욕된 것	영광스러운 것
약한 것	강한 것

현재적 몸의 영속성이나 존귀함이나 힘은 일시적인 환상에 불과하다.

그것은 현재적 죄성과 연약함으로 말미암아 날마다 잠식당하고 있다.

그것은 초라한 알갱이에 불과한 종자로써 장차 썩지 아니하고, 영광스러우며, 강한 부활체가 올 때 사라져야 하는 것이다.

이것은 단순한 이론이 아니다.

바울이 지적했듯이 이 모든 것은 원형을 통해 일어나는 현상으로부터 나온 결론이다(고전 15:49).

하나님께서는 그리스도 안에서 이미 우리에게, 실물크기의 실제적인 모델을 주셨던 것이다. 따라서 바울이 부활의 변화에 대해 말한 내용도 모두 그리스도의 부활과 변화를 통해 배운 것들에 기초하고 있다.

바울은 우리가 흙에 속한 아담의 형상을 입고 태어난 것처럼 하늘에 속한 자의 형상을 입을 것이라고 하였다. 그리스도의 부활은 첫 번째 부활일 뿐만 아니라 우리의 부활이 필연적 결과가 되도록 기정사실화 하는 역할을 한다. 부활하신 그리스도는 성령의 능력을 통해 우리의 몸을 자신의 영광스러운 몸과 같이 바꾸실 것이다(빌 3:21).

1) 부활한 몸

현재의 몸은 어떻게 변하는가?
바울은 그것이 신령하고 영광스러우며 인식할 수 있는 몸이 될 것이라고 말한다.

2) 신령한 몸

바울은 부활한 몸을 신령한 몸(헬라어로 soma pneumatikon[a pneumatic body])이라고 불렀다.

우리는 이것이 생물학적으로나 생화학적으로 어떤 상태를 의미하는 말인지 알 수 없다.

다만 우리는 누가복음 24장 36-43절이나 요한복음 20장 27절에 함축된 내용에 근거하여 조심스럽게 유추해볼 수 있을 것이다.

본문에서 그리스도의 몸은 상처가 있고, 만질 수 있으며, 음식을 소화할 수 있었다.

본문은 부활한 몸의 가장 중요한 특징에 대해 강조하는 내용이라기보다 그리스도의 부활이 육체적이라는 주장을 뒷받침한다.

바울이 말하는 '신령한 몸'은 실체가 없는 유령이나 환상과 같은 것이 아니다.

그것은 '성령의 세계에 적합한' 몸이라는 의미이다.

신령한 몸은 육체의 연약함으로부터 벗어나며, 그의 행동은 성령의 주되심을 드러낸다.

이와 같은 영적 속성의 핵심은 그것이 성령의 능력으로 살아났다는 것이다(롬 8:11; 빌 3:21).

그리스도께서 성령의 능력으로 부활하여 하나님의 아들로 인정되신 것처럼(롬 1:4) 우리의 몸의 구속이나 부활도(롬 8:23) 우리가 하나님께서 능력으로 양자 삼으신 아들이 되었다는 최종적 증거이자 하나님의 선언이다.

예수께서 연약한 몸으로 십자가에 못 박히셨으나 하나님의 능력으로 사신 것처럼, 우리도 그의 안에서 약하지만 부활의 능력과(빌 3:10-11) 죽지 않는 생명의 능력(고후 13:4)을 입을 것이다.

우리는 이것이 무엇을 의미하는지에 대해 계측해볼 수 있는 어떤 기준이나 도구가 없다.

예수께서 다시 살리신 자들도 연약한 육신을 입고 있었다.

나사로는 여전히 피로를 느끼고 질병에도 대처할 수 없었으며, 결국 다시 죽을 수밖에 없었던 것이다.

그러나 마지막 부활은 이와 같이 단순한 소생이 아니라 변화이다.

그것은 우리를 사망의 몸에서 벗어나게 하며 생명의 몸으로 덧입게 할 것이다.

나는 의사에게 자신의 총체적인 신체적 무기력증에 대해 불평하였던 한 친구를 알고 있다.

몇 가지 검사를 하는 가운데 의사는 그가 잠잘 때 호흡을 통해 충분한 산소를 공급받지 못한다는 사실을 알았다.

그래서 그는 충분한 산소를 들이마시도록 도와주는 장치를 착용하고 자야만 했다. 그는 처음에는 불편해 하였으나 이내 그의 삶에는 놀라운 변화가 찾아왔다.

무기력증은 사라지고 그는 정상적인 상태로 돌아왔다. 이제 그는 "나는 정상적인 삶이 이렇게 좋은 줄 미처 알지 못했다"라고 말한다.

여러 면에서 부활한 생명은 이러한 변화와 같다.

부활체는 힘과 에너지로 가득할 것이다.

현재의 몸은 성령의 전임에도 불구하고 여전히 악하고 연약하기 때문에 성령을 좇아 사는 삶은 지금도 갈등을 겪고 있다.

우리는 죄와 싸우고 사단을 대적해야 한다.

어떤 사람은 절망적인 선천적 신체장애와 싸운다.

우리는 이러한 상태에서 벗어나기를 간절히 바란다.

그러나 우리가 성령으로 하나님과 교제하며 거룩한 삶을 살기에 적합한 몸을 가지게 되는 날에는 순종이 자연스러울 것이다.

그것은 참으로 쉬운 일이 될 것이다.

3) 영광스러운 몸

부활을 통한 몸의 구속은 바울이 말한바 장차 하나님의 자녀들이 누릴 영광(롬 8:18)의 일부이다.

우리는 지금 그리스도의 후사로서 그의 고난에 동참하고 있듯, 앞으로는 그의 영광도 물려받게 될 것이다(롬 8:23).

바울은 로마서 전반부 1-8장에서 '영광'(glory)이라는 주제를 심도 있게 다룬다.

사람은 하나님의 영광을 위해 창조되었으나 그것을 우상으로 바꾸어 버렸으며(1:21-23), 결국 하나님의 영광에 이르지 못하였다(3:23).

그러나 그리스도 안에서 다시 그의 영광을 바라볼 수 있게 되었으며(5:2), 이제 그의 영광은 확실히 약속되었다(8:30).

또한 바울은 이 영광이 하나님의 자녀들에게 어떤 식으로 나타날 것인지에 대해 언급한다(8:18, 21).

그들은 결국 그리스도를 본받게 될 것이다(8:29).

이것이 바로 성령을 통해 우리 안에서 성취될 부활의 영광이다.

그것은 그리스도께서 이미 우리 속에서 시작하신 변화의 절정이 될 것이다(고후 3:18; 롬 8:11).

영광에는 두 가지 국면이 있는데, 둘 다 성경에 묘사되어 있다.

첫 번째는 변모(transfiguration)이다.
변화 산에서 베드로는 그리스도께서 하나님으로부터 영광을 받으시는 것을 보았다(벧후 1:17).
이와 같이 요한도 그의 영광에서 아버지의 독생자의 영광을 보았다(요 1:14). 그는 죽었으나 산 자가 되신 그를 보고(요 1:17-18) 그 영광스러운 모습에 전율하였다.
장차 부활한 몸은 이들이 경외감 속에 힐끗 보았던, 그리스도의 거룩하신 아름다움을 반영하게 될 것이다.

두 번째 국면은 구약성경에서 발견되는 영광으로 중량감이나 가치적 차원에서 보다 직접적이고 실제적이다.
이와 같이 부활한 몸은 결코 썩지 않고 더럽지 않고 쇠하지 아니하는 기업(벧전 1:4)에 속한 요소가 될 것이다. 그것은 어떤 면에서 최상품이라고 부를 수 있다.

예를 들면 그것은 그리스도의 직관을 가지게 될 것이다.

우리의 현재적 몸이 일시적인 세상에 적합한 것처럼 그것은 영원한 세계에 적합할 것이다. 그것은 영구적인 몸이 될 것이다.

이와 같이 질적인 면에서 새로워진 생명은 부활 때는 장가도 가지 않고, 시집도 가지 않으며, 천사와 같이 될 것이라는 주님의 수수께끼 같은 말씀(마 22:30)을 이해하는 실마리를 제공한다.

이 말씀은 일부 그리스도인들을 당황하게 만들었다.

하나님께서 인간을 창조하실 때 부여하신 이 위대한 선물이 왜 장차 사라져야 하는가?

성경에 보면 결혼은 하나님께서 독처하는 남자를 위해 주신 보편적 선물이다(창 2:18). 또한 그것은 하나님과 교제하며 섬기는 것을 돕도록 제정되었다.

그러나 하나님이 사람과 함께 거하시는 새 하늘과 새 땅에서는 결혼이라는 기능이 더 이상 필요치 않다.

하나님께서 우리와 함께 거하시므로 성전도 필요치 않으며(계 21:3, 22), 하나님의 영광이 비취고 어린 양이 등이 되실 것이므로 더 이상 해나 달도 필요치 않다.

이와 같이 첫 번째 창조를 통해 주신 다양한 선물들은 두 번째 창조에서는 필요치 않을 것이다.
지금은 이러한 것들이 하나님과의 직접적인 교제를 예시하고 있지만, 그때가 되면 이 모든 것들은 하나님과의 진정한 교제 속에 사라지게 될 것이다.
그렇다면 그 교제가 얼마나 영광스럽고 만족할 만한 것이 되겠는가?

4) 인식할 수 있음

"우리는 그때 서로를 알아볼 수 있을까?"라는 질문이 종종 제기된다.
그리스도를 하나의 원형으로서 생각할 때 대답은 명확하다.
그는 제자들이 알고 따랐던 그와 동일한 분으로 인식되었다.
천사들은 그가 마지막 때에 다시 오실 것에 대해 말하면서 그를 '이 예수'(this same Jesus)라고 불렀다(행 1:11).
바울이 고린도전서 15장 42-43절에서 부활한 몸에 대해 언급한 내용에서도 이러한 가능성을 추측할 수 있다.

마찬가지로 웨스트민스터 신앙고백서(32.2)에도 "죽은 자는 질적인 면에서만 다를 뿐, 자신과 동일한 몸으로 부활할 것이다"라고 하였다.

몸의 부활은 비록 지금과 같은 신체적 형질로 이루어지지는 않을지라도 지금의 우리와 동일한 자로 인식될 것임을 함축한다.
물론 잘 아는 대로 우리는 현재적 삶의 전 과정에 있어서 항상 동일한 물질적 실체로 존속하는 것은 아니다.
손톱을 깎거나 머리카락을 자르는 것만 해도 이러한 사실을 증명한다. 그러나 분명 연속성은 있다.
우리는 언제나 동일한 몸을 유지한다. 이것이 바로 신약성경이 가르치는 바이다.
그러나 바울이 고린도전서 15장 39-44절에서 분명히 제시하고 있듯이 신령한 몸, 또는 성령의 몸은 신체적인 몸이나 정신적인 몸과는 다르다.
그것은 비록 신자가 같은 몸을 입은 사람으로 인식할지라도 질적인 면에서는 현재의 몸과 다르다.
때로는 성경이 가르치는 영혼 불멸의 개념을 오해한 나머지 "우리가 서로 알아볼 수 있을까?"라는 의문을 가지기도 한다.

어떻게 몸과 분리된 영을 인식할 수 있기를 바라는가?

물론 성경은 영혼 불멸을 중요한 내용으로 가르친다.

그리고 이 영혼은 인식할 수 있으며 그것도 단순히 몸을 구분하는 것 이상이 될 것이다.

그러나 성경이 초점을 맞추고 있는 것은 몸의 부활이며, 이것은 우리가 개인적 특성을 분명히 인식하게 될 것이라는 사실을 함축한다.

사람들은 부활하신 예수님을 인식할 수 있었다.

사실 마리아나 엠마오로 가던 두 제자는 그를 알아보지 못하였다. 그러나 이 두 가지 사건은 예외적인 경우에 해당하는 것으로 그럴만한 특별한 이유가 있었다.

우선 마리아는 예수님의 사랑하시는 음성을 들었을 때, 그를 알아보았다.

제자들은 그가 떡을 떼실 때에 그를 알아보았다(요 20:10-18; 눅 24:19-35).

그리스도와 같이 우리도 부활한 후에 서로 알아볼 것이다.

사실 그 날이 오면 우리가 누구이며, 어떤 사람인지는 더 확실히 드러날 것이다.

우리의 현재적 삶은 장차 지극히 크고 영원한 영광의 중한 것을 이루기 위함이라고 바울은 말한다(고후 4:17).

이 땅에서의 고난은, 말하자면 장차 우리를 보다 중요한 그릇으로 만들어내기 위한 토기장이의 손과 같은 것이다.

우리가 참으로 어떠한 그릇이 되었는지는(때로는 겉으로 드러나지 않지만) 부활의 영광에 들어갈 때에 분명히 드러날 것이다.

일을 하다보면 때로는 전혀 모르는 사람이 우리를 마중하러 공항에 나오는 경우도 있다.

그들은 단지 사진으로만 우리를 알 뿐이다.

그들은 종종 "생각했던 것보다 많이 젊어(키가 커)보이십니다"라고 말한다.

우리가 마지막 부활 때에 서로 만나면 아마도 그와 비슷한 광경이 벌어질는지도 모른다.

그때는 성령께서 감추어져 있던 우리의 모든 지난날의 삶을 드러내실 것이기 때문에 보다 깊은 의미를 가지고 "당신은 내가 기억하던 것보다 훨씬 생명력 있고 건강해 보입니다"라고 말할 것이다.

3. 새 하늘과 새 땅

사람은 흙으로부터 지음을 받았다. 다른 동물과 마찬가지로 우리는 살아 있는 존재가 되었다.

그러나 사람은 하나님의 형상을 입었다. 이러한 인간은 설명할 수 없는 창조의 신비에 속한다.

우리는 피조물과 하나님을 연결하고, 하나님의 편에서 피조물을 다스리며, 피조물의 입장에서 찬양과 순종을 지혜롭게 표현하도록 지음을 받았다.

인류가 하나님과 맺은 그의 자비하신 언약을 거부하고 파기하였을 때 우리와 함께 모든 피조세계에 화가 미쳤다.

우리 자신은 물론 우리가 나온 땅에도 저주가 임하였다.

복종, 속박, 멸망만이 아담이 죄의 결과로 얻은 삶의 전부였다.

이러한 타락은 예수 그리스도에 의해 완전히 뒤바뀌게 되었다.

첫 번째 아담의 실패는 마지막 아담의 순종으로 말미암아 다시금 회복되었다(로마서 5장 12-21절이 철저한 집합적 개념으로 설명하고 있듯이).
이러한 그리스도의 회복의 완전한 결과는 마지막 부활 때에 나타날 것이다.
온 우주는 이 부활에 참여할 것이며, 자신도 새롭게 될 것이다.
바울은 이것을 다음과 같이 설명한다.

"생각건대 현재의 고난은 장차 우리에게 나타날 영광과 족히 비교할 수 없도다 피조물의 고대하는 바는 하나님의 아들들의 나타나는 것이니 피조물이 허무한데 굴복하는 것은 자기 뜻이 아니요 오직 굴복케 하시는 이로 말미암음이라 그 바라는 것은 피조물도 썩어짐의 종노릇 한 데서 해방되어 하나님의 자녀들의 영광의 자유에 이르는 것이니라 피조물이 다 이제까지 함께 탄식하며 함께 고통하는 것을 우리가 아나니 이뿐 아니라 또한 우리 곧 성령의 처음 익은 열매를 받은 우리까지도 속으로 탄식하여 양자 될 것 곧 우리 몸의 구속을 기다리느니라"(롬 8:18-23)

본문에서 바울은 피조물이 '발을 딛고 서서' 목을 빼고 간절히 고대한다는 표현으로 피조물을 의인화하였다.
이와 같이 하나님의 자녀들도 마지막 영광의 자유에 이르기를 간절히 소망하고 있다(롬 8:23).
그렇게 되면 피조물은 더 이상 허무한 데 굴복하지 않을 것이다.

예수님의 부활은 "죽은 자들 가운데서 먼저나신"(골 1:18) 것이자, 새 창조의 시작으로서 새 창조에 속한 자들의 부활에 이어 온 우주의 부활을 가져올 것이다.

예수님은 이것을 만유의 회복(세상이 새롭게 됨)이라고 말씀하신다(마 19:28). 그것은 오래 전에 약속한 것으로 예수께서 다시 오실 때 이루어질 것이다(행 3:21).

베드로후서 3장 10-13절은 이러한 종말론적 사건에 대해 보다 자세한 설명을 한다.

베드로는 하늘이 큰 소리로 떠나가고 체질이 불에 녹을 것이며, 땅이 드러날 것임을 생생하게 묘사한다.

어두운 밤하늘을 수놓은 찬란한 불꽃도 '장차 정결케 된 새 세상이 영광 가운데 드러나게 될, 하나님의 마지막 불꽃'에 비한다면 초라하기 짝이 없을 것이다.

그때는 우리가 하나님의 의를 드러내는 새 하늘과 새 땅을 보게 될 것이다.

이 본문은 다음과 같은 이사야의 놀라운 환상을 배경으로 한다.

"보라 내가 새 하늘과 새 땅을 창조하나니
이전 것은 기억되거나 마음에 생각나지 아니할 것이라
너희는 나의 창조하는 것을 인하여
영원히 기뻐하며 즐거워할지니라
거기는 날 수가 많지 못하여 죽는 유아와
수한이 차지 못한 노인이 다시는 없을 것이라

이리와 어린 양이 함께 먹을 것이며
사자가 소처럼 짚을 먹을 것이며
뱀은 흙으로 식물을 삼을 것이니
나의 성산에서는 해함도 없겠고
상함도 없으리라"(사 65:17-25)

본문이 어떤 의미로 교회에 성취되었든, 베드로는 아직 그 절정이 이르지 않았다고 본다.
하나님의 미래적 사역의 방향은 이 땅에 대한 자신의 목적을 포기하는 쪽이 아니라 성취하는 쪽이 될 것이다. 이 땅의 모든 것들은 멸망하겠지만 그로 말미암아 새로운 세상이 나타나게 될 것이다(벧후 3:11).
베드로는 앞서 멸망이라는 개념을 홍수와 연관시켰다(벧후 3:6-7).
이것은 전적인 멸망이나 최후 소멸(annihilation)이 아니라 홍수 심판에 이어 새로운 시대를 도래케 하는 일종의 정화(cleansing)였다.

이것은 옛 세상과 새 하늘과 새 땅 사이, 그리고 현재의 몸과 부활한 몸 사이에 있을 연속성에 대해 희미하게나마 보여준다.

불은 어디까지나 정제를 위한 것이다.

새 세상은 깨끗이 정제되고 변화된 영광스러운 모습으로 나타날 것이다.

따라서 계시록이 제시하는 장차 임할 새 하늘과 새 땅은 과거에 파괴된 모든 것이 아름다운 모습으로 새롭게 회복된, 장엄한 우주의 모습이다.

그리하여 옛 질서는 사라지고 낙원이 회복될 것이다(계 21:4-5).

그곳에는 생명나무가 있을 것이다(22:2).

그곳에는 더 이상 사망이나 저주가 없을 것이다(21:4; 22:3).

그곳에는 하나님과의 친밀한 교제가 있을 것이다(21:3)

그곳에는 생명수의 강이 있을 것이다(22:1).

무엇보다도 우리는 어린 양의 모습을 직접 보게 될 것이며(22:3), 하나님이 친히 우리의 모든 눈물을 씻겨 주실 것이다(계7:17).

4. 영생의 장소

우리는 "그렇다면 구속받은 자가 최후에 거할 영역은 어디인가?"라는 의문을 가질 수 있다.
이 질문에 대해 신자들이 흔히 근시안적 대답을 하는 것은 두 가지 오류 때문이다.

첫째로, 성경이 영혼불멸을 가르친다는 생각만 하고 그것의 초점이 몸의 부활에 있다는 사실은 제대로 인식하지 못한다는 것이다.
이것은 종종 신자들로 하여금 자신의 마지막 상태가 몸과 완전히 분리되어 거의 비실체적 상태로 존재할 것이라는 생각을 갖게 한다.

둘째로, 종종 계시록의 몇몇 구절에 대한 오해로 말미암아 죽음과 마지막 종말 사이의 중간 상태를 마지막 상태로 착각한다는 것이다.
따라서 신자들은 종종 마치 자신이 앞으로 영원히 몸과 분리된 상태로 지내기라도 할 것처럼 말하고 노래한다.
이러한 생각은 성경에서 강조하는 부활이나 새로 입게 될 몸에 대해 거의 알지 못하는 것이며, 새 하늘과 새 땅이나 그들의 존재에 대해 전혀 모르는 것이다.

결코 그렇지 않다.

우리의 미래적 삶은 현재적 삶보다 훨씬 실제적이 될 것이다.

참으로 하나님의 백성은 하늘에서 하나님의 직접적인 임재하심 속에 거할 것이며, "물이 바다를 덮음 같이 여호와를 아는 지식이 세상에 충만할 것"(사 11:9)이다.

하늘과 땅은 하나가 될 것이며, 새 하늘과 새 땅은 하나님과 사람이 함께 거하는 장소가 될 것이다.

이와 같이 우리는 하나님의 신비하신 은혜 가운데 우리의 영혼이 그렇게도 바라던 지상 천국(땅위의 하늘)에 거할 것이다.

하나님의 장막이 사람들과 함께 있을 것이며, 하나님은 저희와 함께 거하실 것이다(계 21:3).

이것이야말로 하늘과 같은 땅이요, 땅과 같은 하늘이 아니겠는가!

그러나 그리스도를 길과 진리와 생명으로 믿지 않음으로 해서 그에게 속하지 않은 사람들은 어떻게 되는가?

이것은 선뜻 대답하고 싶지 않은 질문이다.

5. 불신자는 어떻게 되는가?

우리는 얼마 전 한 지인으로부터 자신의 친지의 죽음에 관한 이야기를 들었다.

그 가정은 결코 기독교적 신앙은 없었던 것으로 보인다.

그 친지는 자신의 건강에 심각한 이상이 있음에도 불구하고 죽음에 대해서는 깊이 생각하지 않았다.

친구가 그 병이 가져올지도 모를 심각한 결과에 대해 넌지시 말을 꺼내었을 때에도 그는 "모든 것은 신의 뜻이야"라고 하였다.

순간 '무엇이 신의 뜻이라는 말인가?' 라는 생각이 들었으나, 친구는 자세한 이야기를 나눌 상황은 아니었다고 한다.

"모든 것은 신의 뜻이다"라는 말이 무슨 말인가?

하나님과 그의 은혜로부터 영원히 분리되겠다는 말인가?

지난날의 죄를 회개하여 구주이신 그리스도께로 돌아오지 않고 비참하게 죽어가겠다는 것인가?

신약성경은 언젠가는 그리스도의 왼편에 설 사람들이 있을 것이라고 분명히 말한다.

그들은 영원히 파멸될 것이다.

그리스도는 그들의 목적지에 대해 일련의 생생하고 두려운 그림으로 묘사한다.

그것은 마귀와 그 사자들을 위하여 예비된 영영한 불이며(마 25:41), 불과 유황으로 타는 못이다(계 21:8).

그곳은 영원한 형벌의 장소이며(마 25:46), 하늘의 빛이 비취지 않는 바깥 어두운 데이다(마 8:12; 22:13; 25:30).

이것은 베드로와 유다가 말한 "캄캄한 흑암"(벧후 2:17; 유 13)으로 새 예루살렘 성 밖에 있다(계 22:15).

그곳은 울며 이를 가는 형벌의 장소이지만, 그럼에도 불구하고 상호 불평과 비난이 여전히 계속되는 곳이다(마 8:12).

그리스도인들은 이런 말들에 대해 문자적으로 해석할 것인지 은유적으로 해석할 것인지에 대해 완전히 의견일치를 본 적이 없다. 예를 들어 칼빈(John Calvin)은 이러한 묘사들은 하나님의 심판을 회화적 언어로 표현한

것이라고 믿었다.

'불타는 곳'과 '어두운 곳'은 양립하기 어려운 것이 사실이다.

결국 이들 본문에 사용된 어휘를 이해하는 문제는 본질적으로 성경의 언어 사용 방식에 대한 문제로 귀결될 수밖에 없다.

성경의 언어가 자기 모순적 가르침이 되어서는 안 된다는 것은 일반적인 해석 원리이다.

그러나 우리는 성경이 은유적으로 표현한 것을 껍데기뿐인 실체로 생각하는 더 큰 잘못을 범해서는 안 된다.

지옥은 은유적 언어로 묘사되었을 수 있으나, 지옥 자체는 결코 은유는 아니다. 그것은 참으로 두려운 실재이다.

C. S. 루이스(C. S. Lewis)는 그의 저서 『천국과 지옥의 영원한 괴리』(The Great Divorce)에서 온갖 상상력을 동원하여 지옥으로부터 천국 나들이를 온 일단의 방문객에 대해 묘사한다.

막상 천국에 온 그들은 그곳의 칼날 같은 잔디에 발바닥을 벨 정도로 자신들이 비실체적 존재임을 깨닫게 된다.

천국의 삶이 맞지 않았던 그들에게는 그곳이 견딜 수 없을 정도로 고통스러웠던 것이다.

루이스가 생각하는 불신자는 지상에 사는 사람들의 특징만 부각시킨 다소 과장된 풍자화와 같은 모습이다.

하나님의 자녀들이 결국에는 최상의 상태로 나아가듯 불신자들도 결국 하나님의 제한적 은혜에서 떨어져 최악의 상태로 치닫게 될 것이다.

결국 이러한 지옥에서 오직 죄의 영향만을 제한하고 있는 하나님의 일반 은총은 완전히, 그리고 최종적으로 철회될 수밖에 없다는 것이다.

그러나 예수님은 지옥은 단순히 그런 장소만은 아니라고 말씀하신다.

하나님께서는 우리가 본성을 좇아, 갈 데까지 간 상태로 내버려두지 않으신다.

그는 이미 이 땅에서 어느 정도 그렇게 하셨다(롬 1:24, 26, 28).

따라서 결코 그 상태로 모든 것이 끝나버리는 것이 아니다.

예수님은 지옥은 '영원한 불' (마 18:8; 25:42)이라고 말씀하셨다.

그곳은 '울며 이를 가는 바깥 어두운 곳' (마 8:12)이다.

그곳은 하나님과 떨어진 상태로 영원히 살기보다 차라리 나지 않는 것이 더

좋을 뻔한, 그런 곳이다(마 26:24 참조).

예수님은 그곳에는 형벌의 등급이 있다고 말씀하신다.

그것은 하나님의 완전한 공의의 최종적 시행이다.

심판의 날에 가버나움과 같은 몇몇 도시는 소돔이나 고모라보다 무서운 벌을 받을 것이다(마 10:15; 11:20-24).

어떤 사람은 다른 사람보다 적게 맞을 것이다(눅 12:47-48).

그러나 우리가 앞에서 보았듯이 불신자는 모두 형벌을 받게 된다. 이와 같이 공의는 철저히 시행될 것이다.

신약성경은 지옥에 대해 상세하게 묘사하지는 않는다.

우리가 감히 천국에 관한 보다 자세한 계시를 소화해내지 못하는 것처럼 사실 우리의 유약한 영혼은 차마 지옥에 관한 완전한 계시를 감당할 수 없다.

그러나 지옥의 실재에 관한 성경의 가르침은 풍부하며, 그것은 천국에 대한 주 예수 그리스도의 가르침과 마찬가지로 분명하고 체계적이다.

이 교훈을 말씀하시는 예수님의 마음은 결코 편치 않으셨다. 이에 대해 독일계 미국 학자인 게르할더스 보스(Geerhardus Vos)는 다음과 같이 말했다.

"이 주제는 그에게 너무나 두려운 실체로 다가왔기 때문에 정말 진지하고 시급한 경우가 아니면, 이 문제에 대해 숙고하거나 공개적으로 언급하기를 꺼리셨다.

그럼에도 불구하고 이 불길한 어두움에 대해서는 아직도 못 다한 이야기가 남아 있으며, 뿐만 아니라 차마 말로 형언키 어려운 것들이 마치 반투명 커튼처럼 그것을 덮고 있다." (Geerhardus Vos, Grace and Glory (1922; reprint, Edinburgh: Banner of Truth Trust, 1994), 61.)

결국 예수님은 다음과 같이 말씀하셨다.

"내가 내 친구 너희에게 말하노니 몸을 죽이고 그 후에는 능히 더 못하는 자들을 두려워하지 말라 마땅히 두려워할 자를 내가 너희에게 보이리니 곧 죽인 후에 또한 지옥에 던져 넣는 권세 있는 그를 두려워하라 내가 참으로 너희에게 이르노니 그를 두려워하라"(눅 12:4-5)

이것이 바로 우리의 구주 예수님의 말씀이다.

6. 남은 문제

그러나 이러한 악인들의 최후를 생각할 때에 우리의 마지막 상태가 어찌 완벽하게 영광스러운 것이라고 할 수 있겠는가?
확실히 다른 사람들이 지옥에 있다는 생각은 천국에 깊은 슬픔의 장막을 드리운다. 이 문제는 교리적 차원뿐만 아니라, 심리학적 심오함과 어려움을 갖고 있다.
우리는 악인의 운명을 생각할 때에 정서적으로 깊은 혼란에 휩싸이지 않을 수 없다.

한 가지 대답은 교회에서 자주 사용되는 것으로, 불신자는 더 이상 존재하지 않게 된다는 주장(소위 소멸주의[annihilationism])이다.
소멸주의는 최근 일부 복음주의자들에게도 매력적으로 다가 왔다.
이 관점을 지지하는 사람들은(대개 멸망하다[perish]나 둘째 사망[second death]과 같은 성경적 용어에 근거하여) 불신자는 단지 더 이상 존재하지 않게 될 뿐이라고 주장한다.
그렇기 때문에 바깥 어두움에 쫓겨나 하나님의 형벌로 인한 고통을 영원히 의식할 사람들이 많이 있다는 생각 때문에 천국의 기쁨이 퇴색될 필요가 없다.

따라서 천국만이 그곳의 전부이기 때문에 지옥의 존재로 인한 슬픈 마음은 더 이상 존재하지 않는다는 것이다.

우리는 결코 이러한 소멸주의 사상이 이 난제에 대한 성경적 대답이 될 수 있다고 생각하지 않는다.

우선 논리적인 면에서 이것은 그들이 생각하는 것처럼 심리적 안정을 가져다주지 못한다.

우리가 사랑한 사람들이 존재하지 않는다는 사실이 그들을 잃은 아픔을 경감시킬 수 있을 것처럼 보이지만, 지금도 그렇고 앞으로도 변하지 않을 한 가지 사실은, 그러한 생각이 결코 논리적인 면에 있어서나 정서적으로도 우리의 고통을 사라지게 할 수 없다는 것이다(부록 참조).

불신자의 완전한 멸망이 하나님으로부터 분리되었다는 처절한 의식 가운데 사는 것보다 더 나을 것이라고 생각하겠지만 사실 그것은 아무런 위로가 되지 못한다.

소멸주의자들이 근본적으로 주장하는 것은 하나님께서 그들을 멸하셨다는 것이다.

그러나 여전히 긴장은 남는다.

⁕

성경 자체는 우리가 이 땅에서 느끼는 이러한 심리학적 긴장에 대해 언급하지 않는다.
어쩌면 지금과 같이 죄로 오염된 상황 하에서는 하나님께서 이 문제를 어떤 식으로 해결하실 것인지에 대해 이해하는 것이 사실상 힘들지도 모른다.
그러나 성경은 우리에게 몇 가지 암시를 주고 있다.

첫째로, 성경은 우리가 하나님의 거룩하심과 인간의 죄악에 대해 밝히 보게 될 것이며, 하나님의 심판이 절대적으로 의롭다는 사실을 확실하게 인식할 만큼 우리의 마음이 죄로부터 깨끗하게 될 것임을 보여준다(계 19:1-3).

둘째로, 성경은 저들이 바깥 어두움, 성 밖에 있을 것이라는 사실을 강조함으로써(계 22:15), 새 예루살렘 성에 거하는 자들에게 지옥이라는 존재는 하나님의 성을 더욱 찬란하게 비취게 하는 밤하늘에 지나지 않을 것임을 보여준다.

우리는 이미 전적인 빛 가운데 거할 것이기에 지옥에 대해서는 조금도 의식하지 않을 것이다.

셋째로, 지옥은 마귀와 그 사자들, 적그리스도의 최후 거주지가 될 것이다.

그곳은 여물통같이 작은 이 땅에 사는 동안 그리스도를 '만유를 충만케 하시는 분'으로 받아들이지 않는 자들을 위해 준비된 영역이다.

아마도 지옥을 채운 자들에게는 그곳이 엄청난 곳으로 생각되겠지만 하나님과 함께 거하는 자들에게는 한없이 멀리 떨어져 있는 하나의 점에 지나지 않는, 극소화된 인간의 거주지(새 하늘과 새 땅에 거하는 모든 자들이 극대화된 것과 대조적으로)에 불과할 것이다.

구속받은 자들은 그곳을 가리키며, "어린 양은 성밖, 저 어두운 바깥 어딘가에서 고통을 당하셨다. 그곳 어딘가에 하나님 아버지의 영원한 공의의 기념비가 서있다"라고 말할 것이다.

그러나 성경의 계시도 악인들에게 무슨 일이 일어날 것인지에 대해 자세한 대답은 하지 않는다.

확실히 그리스도는 우리에게 하실 말씀이 많으시지만, 지금으로서는 우리의 이해에 한계가 있다.

그러나 우리가 확실히 아는 한 가지 사실은 예수님께서 우리가 그와 함께 있어 그의 영광을 보게 해 달라고 기도하신다는 것이다(요 17:24).

장차 새 예루살렘에 거하는 자들은 왕의 얼굴을 보고 그와 같이 될 것이기 때문에 그 나라에서 그의 영광은 극에 달할 것이다.

모든 성경이 가르치고 있듯이 우리는 신약성경이 우선순위의 중요성에 대해 특히 강조하고 있다는 사실을 알아야 한다.

하나님께서 우리가 꼭 알아야 할 중요한 내용이라고 생각하시는 것들은 결국 성경에서 가장 강조되고 자주 언급되는 것들이다.

계시된 내용 가운데는 우리가 꼭 알지 않아도 되는 것도 있고, 지금의 우리 능력으로서는 도저히 이해할 수 없는 것들도 있다.

우리는 모세에 대해 그가 계시한 모든 것을 이해하려고 해야 하지만, 그 가운데는 오직 여호와 하나님께만 속하여 감추어진 것들도 있다는 사실을 알아야 한다(신 29:29).

그러면 천국과 지옥에 대한 신약 성경의 가르침에 있어서 가장 중요한 내용은 무엇인가?

그것은 우리가 오직 그리스도에 대한 믿음으로만 천국을 확신할 수 있다는 사실이다.

사도 베드로는 "그러므로 사랑하는 자들아 너희가 이것을 바라보나니 주 앞에서 점도 없고 흠도 없이 평강 가운데서 나타나기를 힘쓰라"(벧후 3:14)라고 하였다.

이것이야말로 우리가 사색만 하고 있을 내용이 아니라, 지금 즉시 시행하여야 할 시급한 현안이다.

그곳에는 생명나무가 있을 것이다(22:2).
그곳에는 더 이상 사망이나 저주가 없을 것이다(21:4; 22:3).
그곳에는 하나님과의 친밀한 교제가 있을 것이다(21:3)
그곳에는 생명수의 강이 있을 것이다(22:1).
무엇보다도 우리는 어린 양의 모습을 직접 보게 될 것이며(22:3), 하나님이 친히 우리의 모든 눈물을 씻겨 주실 것이다(계7:17).

제6장
천국에 갈 준비

죽음에 대한 준비를 바르게 할 수 있는 유일한 방법은, 우리의 모든 삶을 통해 그것을 연습하는 것이다.
우리는 "주님, 나는 주께서 나를 사랑하시는 것을 압니다. 나의 모든 소유와 사랑을 당신께 맡깁니다"라는 고백과 함께 우리가 그렇게도 움켜쥐려고 했던 모든 소유물을 놓아야 한다.

우리는 살면서 많은 것들을 준비한다.

우리는 매일의 일을 위해, 심지어 여가 활동을 위해서도, 연구하고 훈련한다.

우리는 결혼이나 가정 및 가족과 관련된 중요한 일에 대해 계획을 세운다.

어떤 사람은 저녁 만찬이나 간단한 소풍을 갈 때에도 마치 군사작전을 방불케 하는 치밀한 계획을 세운다.

그러나 오늘날 사람들 가운데, 심지어 우리와 같은 그리스도인들 가운데에도, 죽음을 준비하는 사람들은 거의 없다.

설사 있다고 하더라도 극소수에 지나지 않는다.

모든 인생은 그리스도께서 오시기 전에는 누구나 죽을 수밖에 없다는 사실을 잘 알고 있음에도 불구하고 많은 사람들은 죽음에 대해 생각하거나 말하기를 꺼려한다.

이와 같은 오늘날의 침묵에는 사악함마저 엿보이는데 그것은 이러한 경향이 극히 현대적 추세이기 때문이다.
오늘날 우리들은 찰스 디킨스의 『골동품 가게』(The Old curiosity Shop)가 매주 시리즈 형식으로 나올 때만 해도 당시 독자들이 주인공 넬(Nell)의 병든 침상이 궁금해서 줄을 서서 다음호를 기다렸다는 사실을 믿지 못한다.
이전 세대의 솔직함이 우리 시대에는 사라지고 만 것이다.
우리는 죽음이 우리가 결코 다룰 수 없는 주제라는 사실을 숨길 수 없다.
그것은 과학 분야에서나 논의되는 용어일 뿐이다.

우리 친구 가운데 한 젊은 그리스도인이 어느 날 동네 가게에서 대화를 하게 되었다.
놀랍게도 대화의 주제는 죽음에 관한 것이었다.

손님 가운데 그가 교인이라는 사실을 알고 있는 한 사람이 물었다.

"그런데 짐(Jim), 자네는 죽음이 두렵지 않겠구먼."

그들은 그가 실제로 언제 죽을지도 모르는 병이 있었다는 사실을 모르고 있었다.

"그렇습니다. 저는 정말 두렵지 않습니다."

짐이 대답하였다.

"저는 내일이라도 갈 준비가 되어있습니다."

그의 말은 사실이 되고 말았다. 다음 날 그는 죽었기 때문이다.

그러나 그는 이미 죽음에 대한 준비가 끝나 있었던 것이다.

우리는 대부분 그렇지 못하다는 사실을 알고 있다.

그러나 우리가 그리스도인이라면 보다 나은 준비가 필요하다는 것을 느낄 것이다.

우리는 종종 예기치 않은 중병이나 치명적인 병에 걸려야만 이런 생각을 하게 된다.

그럴 때면 으레 한번쯤 자신의 삶을 돌아보게 된다.

그러나 죽음의 필연성에 대한 영원한 관점이 아니라 어디까지나 한정된 길이를 가진 렌즈를 통해서이다.

오늘날 우리는 지난 날 선조들이 죽음에 대한 사색을 통해 영적인 유익을 얻던 능력을 거의 상실하였다.
그 결과 우리는 죽음은 물론 삶에 대해서도 힘을 잃어버리고 말았다.
어떻게 하면 그리스도인으로서 죽음에 대한 바른 태도를 견지할 수 있는가?
성경이 말하는 기본적인 요지를 알면 많은 도움이 될 것이다.

1. 죽음에 대한 올바른 조명

그리스도인들은 죽음을 준비하고 그것을 실제로 내다보면서 자신이나 사랑하는 사람의 죽음에 모든 초점을 맞추지 않았다.
그들은 미래를 내다보았던 것이다.
물론 개인의 죽음도 중요하다.
예를 들어 바울은 자신이 죽는 것도 좋다고 했는데, 그것은 죽어서 '그리스도와 함께 있는 그것이 더욱 좋기 때문에' 말하자면, '죽는 것도 유익' 하기 때문이었다(빌 1:21, 23).

그러나 신약성경의 사람들은 보다 궁극적인 미래적 죽음관을 가지고 있었다. 그것은 그리스도의 재림과 그것에 수반된 우주적 종말이다. 이런 견지에서 보면 우리 자신의 죽음은 전혀 다른 의미를 지니게 된다.

죽음은 개인의 삶에서 가장 중요한 사건이지만 그럼에도 불구하고 보다 큰 사건 속으로 흡수될 수밖에 없다.

그렇게 함으로 우리는 보다 진정한 조명과 상황 하에 그것을 바라보게 된다.

2. 패배한 대적

그리스도인은 사망을 이미 패배한 대적으로 본다.

오순절 날 베드로는 예수님과 사망의 대결에 관해 생생하게 묘사하였다.

사망이 그를 붙들었으며, 말하자면 삼일 동안 그를 얽매었다.

그러나 사망은 더 이상 어떻게 할 수 없었다.

사망은 겨우 그 짧은 시간 동안 모든 것을 소진해 버리고 말았던 것이다.

예수님은 사망 권세를 깨뜨리시고 죽음에서 부활하셨는데 이는 "그가 사망에게 매여 있을 수 없었기 때문"(행 2:24)이었다.

예수님은 죽음을 통해 "사망의 세력을 잡은 자 곧 마귀를 없이 하시며 또 죽기를 무서워하므로 일생에 매여 종 노릇하는 모든 자들을 놓아 주려"(히 2:14-15) 하셨다.

이것은 우리에게 어떤 의미를 가지는가?

예수님은 온전히 거룩하시기 때문에 사망이나 마귀가 그를 넘어뜨리거나 가둘 수 없다.

그들은 그에게서 어떤 개인적인 죄도 찾을 수 없었기에 사망으로 그를 붙잡아두거나 가둘 수 없는 것이다.

또한 그는 우리를 대신하여 돌아가심으로 마귀와 사망을 물리치셨던 것이다.

우리는 우리 가운데 거하시는 그의 영으로 말미암아 그와 하나가 되었기 때문에 사단은 우리를 붙들어 죄와 사망 속에 가두어 둘 수 없다.

그러나 그것이 전부가 아니다.

예수님이 우리의 죄를 지시고 우리가 받을 심판을 대신 받으셨다면, 우리는 더 이상 심판을 받지 않아도 된다.

우리는 그리스도를 믿음으로 의롭게 되었다.

하나님 앞에서 우리의 지위는 이미 확고한 것이다.

우리를 위해 이 모든 일을 행하신 예수 그리스도 안에 있는 하나님의 사랑에서 우리를 끊을 수 있는 것은 아무 것도 없다.

이제 우리는 두려워할 필요가 없다.

3. 그리스도와 함께 있음

우리는 죽음을 통해 그리스도와 함께 있게 된다는 사실에 모든 소망의 초점을 맞추어야 한다.

이에 대해 바울은 빌립보서 1장 23절에서 자신은 죽어서 그리스도와 함께 있는 것이 '훨씬 더' 좋다고 하였다.

이 말이 그의 삶에 주는 의미에 대해 생각해보라.

만일 그가 이 땅에 계속 머무는 것이 하나님의 뜻이라면, 그 이유는 그의 복음 사역이 다른 사람에게 큰 유익을 주기 때문이다.

그것은 바울의 사역의 열매, 즉 "내 일의 열매"(빌 1:22)이다.

이러한 삶은 죽음에 대한 성경적 태도가 우리의 삶 전체에 중대한 영향을 미치고 있음을 보여주는 단적인 예이다.

이것은 결코 우연한 일이 아니며 우발적인 것도 아니다.

그리스도와 함께 있는 것이 훨씬 좋다고 생각하는 사람은 대부분 그리스도인으로서의 사역 때문에 이 땅에 머문다.

장차 올 세상에 소망을 두고 있는 사람들은 이 세상의 속박으로부터 자유로우며, 따라서 세상에 영향을 주게 된다.

이와 같이 그리스도를 사랑하며 그의 오심을 손꼽아 기다리는 신앙의 소유자에게는 무엇인가 특별한 것이 있다.

하늘에 계신 분에 대한 사랑은 우리의 인격으로부터 일종의 영적 성품을 발산하게 한다.

이에 대해 베드로는 베드로전서 1장 8절에서 "예수를 너희가 보지 못하였으나 사랑하는도다 이제도 보지 못하나 믿고 말할 수 없는 영광스러운 즐거움으로 기뻐하니"라고 하였다.

『조어대전』(The Compleat Angler)이라는 낚시 책으로 유명한 17세기 저술가 아이작 왈톤(Izaak Walton)은 동시대인 가운데 한 사람인 리챠드 십스(Richard Sibbes)에 대해 다음과 같이 썼다.

이처럼 복 있는 자에게는
다음과 같은 찬사가 마땅하다.
천국은 그가 가기도 전에
이미 그의 마음에 들어 와 있다.

어떤 면에서 이 말은 모든 그리스도인에게 해당한다. 그리스도인은 누구나 그의 영을 선물로 받았기 때문이다. 그러나 어떤 사람에게는 이것이 더욱 분명히 드러난다. 그리스도와 함께 있을 소망을 가진 사람은 죽음이란, 그리스도를 직접 대면하는 보다 영광스러운 삶으로 들어가는 입구라고 생각한다. 이런 그리스도인은 이미 천국의 마음을 누리며 마지막 여정을 준비하고 있다.

4. 미래적 축복

우리는 이미 그리스도와 하나가 되었다.
우리의 생명은 "그리스도와 함께 하나님 안에 감추었다"(골 3:3)고 하였다. 그러므로 우리는 그리스도께서 하나님 우편에 앉아 계신 곳, 즉 위에 있는 것들에 마음을 두어야 하며, 장차 우리에게 주어질 복에 대해 생각하고 바라야 한다.

이러한 축복에 대한 묵상은 죽음에 대한 태도나 임종을 맞는 자세에 변화를 가져올 것이다. 우리는 죽음을 '본향으로 가는 것'으로 생각하게 될 것이다. 우리가 장차 우리를 위해 예비된 복이 있다는 사실을 안다면 앞으로 어떤 어려움이 닥치더라도 능히 견디어 나갈 수 있을 것이다.

시몬 베드로는 이러한 사실을 온전히 깨달았다.
그는 우리가 그리스도의 부활하심으로 말미암아 거듭나서 산 소망을 가지게 되었으며, 하늘의 기업을 잇게 되었다고 말한다.
감사하게도 하나님은 우리를 위해 이 기업을 간직해 두셨다.
그것은 결코 썩거나 쇠하지 않을 것이다.

그러나 베드로는 이에 덧붙여 우리가 그것을 확실히 얻기 위해 보호하심을 입었다고 말한다.

어떤 식으로?

물론 하나님의 능력에 의해서이다.

그러나 또한 우리의 '믿음으로 말미암아' 이다(벧전 1:3-5).

요컨대 신앙은 영광스러운 미래를 내다볼 때 강해진다는 것이다.

강해진 믿음은 우리의 행보에 탄력을 주며 이 땅에서의 순례 여정을 돕는다.

따라서 우리는 이곳에서 장차 올 나라의 시민으로서 살아가는 것이다.

신앙의 힘은 우리를 통해 세상 속에 능력을 발휘하게 될 것이다.

───✦───

우리는 이와 같이 그리스도 안에 있는 기업을 바라볼 뿐 아니라 그 안에서 그리고 그를 통하여, 그리스도와 함께 하늘에 있는 자들과 교제를 누리게 될 것이다.

우리는 이미 믿음을 통해 "시온 산과 살아계신 하나님의 도성인 하늘의 예루살렘과 천만 천사와 하늘에 기록한 장자들의 총회와 교회와 만민의 심판자이신 하나님과 및 온전케 된 의인의 영들과 새 언약의 중보이신 예수와 및 아벨의 피보다 더 낫게 말하는 뿌린 피"(히 12:22-24)에 이르렀다.

우리는 천국에서 이러한 것들을 온전히 누리게 될 것이다.

그때 그곳에서 울려 퍼질 기쁨의 찬양과 웃음꽃 만발한 대화를 상상해 보라.

월드 시리즈 최종 결선 9회말 상황에서 점차 고조되는 응원가조차도 거룩한 총회로 모일 저 위대한 날의 찬양에 비하면 초라하기 그지없는 소음에 지나지 않을 것이다.

우리는 그리스도와의 대면을 간절히 기다린다.

아울러 우리는 이미 그리스도와 함께 있는 자들과의 위대한 만남을 고대한다.

신자들에게 이보다 가슴 설레는 일이 있겠는가?

이제 우리는 이 위대한 날을 기다리며 구원의 기쁨으로 살아야 하는 이유를 알았다.

그 날에는 우리가 희미한 거울을 통해서 어렴풋이 보는 것이 아니라, 얼굴과 얼굴을 대면하여 볼 것이다.

더욱이 우리는 주께서 나를 아시는 것 같이 모든 것을 온전하게 알고 이해하게 될 것이다(고전 13:12).

그 날에는 예수께서 베드로에게 "나의 하는 것을 네가 이제는 알지 못하나 이 후에는 알리라"(요 13:7)라고 하신 말이 구체적으로 성취될 것이다.

우리는 우리의 삶에 대한 그의 섭리-신비하면서도 인내가 필요할 때도 있었으며, 때로는 모순된 것처럼 보이기까지 했던-를 비로소 깨달을 것이며, 더 큰 감사와 함께 그가 나를 위해 합력하여 선을 이루셨다고 고백할 것이다.

그때에는 그의 구속사적 목적을 성취하기 위해 이 땅에서 일어났던 모든 세부적인 가닥들이 실타래 풀리듯 풀리게 될 것이다.

그는 우리에게 모든 역사가 어떻게 자신의 완전한 섭리와 계획에 따라 짜깁기되었는지를 소상히 보여주실 것이다.

그때에야 비로소 우리 삶에 일어났던 모든 상호적 요소들이 분명히 밝혀질 것이다.

이러한 지식은 우리로 하여금 장차 올 세상을 향해 달음질하게 하며, 동시에 바울과 같이 만일 주께서 자기 백성들을 고통 속에 서로 헤어지게 하실지라도 이는 그들을 통해 이루실 특별한 목적이 있기 때문이라는 사실을 깨닫게 된다(빌 1:23-26).

5. 일시적인 것들

장차 우리가 갈 세상의 영광을 생각할 때, 우리는 지금 이 세상이 얼마나 헛되고 무상한지를 깨닫게 된다.

우리는 위엣 것을 붙드는 신앙을 통해 우리의 관점을 바로 잡아야만 우리가 사는 세상의 진정한 본질을 직시할 수 있다.

그럴 때만이 우리는 이 세상이 얼마나 허망한 것들에 가치를 두고 있는지를 깨닫게 된다.

오직 그때만이 우리는 가난과 실패와 고통, 또는 세속적인 부와 성공과 기쁨에 대해 바른 관점으로 보게 될 것이다.

최고급 스트래디배리어스 바이올린을 가진 자만이 일반 악기가 얼마나 초라한 것인지를 아는 것처럼 영광을 본 자만이 그것의 참된 가치를 안다.

사실 잘 죽어 저 세상으로 가는 비결은 지금 이 세상에서 잘 사는 비결과 같다.

그러므로 하나님의 거룩한 영광을 맛보아야 한다.

우리가 죽음을 맛보아야 할 시간이 다가 올 때 우리에게 힘을 실어 줄 원군은 바로 저 세상의 맛을 보았다는 사실이다.

그것을 맛 본 자는 자신의 소유물이나 이 땅에서 받는 고통에 대한 태도가 달라질 것이다.

바울은 이러한 태도에 대해 다음과 같이 언급한다(그가 얼마나 자주 이와 동일한 관점으로 되돌아가는지 유의하라).

> "형제들아 내가 이 말을 하노니 때가 단축하여진 고로 이후부터 아내 있는 자들은 없는 자같이 하며 우는 자들은 울지 않는 자같이 하며 기쁜 자들은 기쁘지 않은 자같이 하며 매매하는 자들은 없는 자같이 하며 세상 물건을 쓰는 자들은 다 쓰지 못하는 자같이 하라 이 세상의 형적은 지나감이니라"(고전 7:29-31)

마찬가지로 우리가 이 땅에서 당하는 고난이나 시련도 전혀 새로운 각도에서 보아야 한다.

만일 우리가 초점을 그것 자체에만 맞추어 배타적 관점에서 바라본다면 그러한 생각으로만 가득 차서 오히려 고통이 가중될 것이다.

그러나 우리가 이러한 고통이나 어려움을 영원한 영광이라는 측면에서 바라본다면 대수롭지 않은 것이 되고 고통은 줄어들 것이다.

우리는 바울이 말한바 소위 "지극히 크고 영원한 영광의 중한 것"(고후 4:17)의 영원불변성에 비한다면 우리가 지금 당하는 고통은 지극히 경하고 일시적임을 알 수 있다.

양쪽에 접시가 달린 구식 저울을 생각해보라.

만일 우리가 당하는 고난을 한쪽 접시에 올린다면 무겁게 보일 것이다.

그러나 맞은 편 접시에 영광을 올린다면 고난은 훨씬 가볍게 보일 것이다.

고난은 잠시 지속되지만 영광은 영원히 계속된다.

그러나 신약성경은 우리를 여기서 한 걸음 더 나가게 한다.

고난과 영광의 관계는 무게나 지속성과 같은 단순한 비교 대상으로서의 관계가 아니다. 그것은 인과 관계의 하나이다.

고난은 하나님께서 영광을 주기 위해 사용하시는 수단이다.

하나님께서는 이러한 인생의 고난과 시련을 통해 우리에게 은혜를 주시며, 이러한 은혜는 결국 장차 올 세상의 아름다움을 밝히고 부활한 몸을 통해 찬란하게 빛날 것이다.

우리가 어렸을 때 어머니는 집안 물건 가운데 놋으로 만든 것들을 얼마나 열심히 씻고 닦았는지 모른다.

한 아이가 이런 엄마를 따라 다니며, 그녀가 하는 일을 유심히 살펴보고 있다고 생각해보라.

그녀는 적당량의 광택제를 천 조각에 묻힌 후에 그것으로 놋 제품을 문질러 닦았다.

그러다 잠시 쉰 후에 다시 그것을 빡빡 문질러 윤을 내었다. 그리고는 언제나 동일한 시험 과정을 거쳤다. 즉, 우리가 '놋쇠 작업'이라고 불렀던 이 일은 결국 그 물건에 우리 모습을 비춰볼 수 있을 정도가 되어야 끝이 났던 것이다.

어머니는 그것에 비친 자신의 얼굴을 보고서야 만족하셨다.

하나님의 나라도 마찬가지이다.

그는 우리의 삶을 자신의 섭리의 광택제로 덮으신다. 그리고는 시련과 고난이라는 때로는 고통스럽기까지 한 작업을 통해 윤을 내신다.

그는 우리에게서 자신의 형상이 나타날 때까지 닦으시며, 결국 부활을 통해 자신의 완전한 영광이 반영되어 나타날 때에 비로소 만족하신다.

"우리의 잠시 받는 환난의 경한 것이 지극히 크고 영원한 영광의 중한 것을 우리에게 이루게 함이니 우리의 돌아보는 것은 보이는 것이 아니요 보이지 않는 것이니 보이는 것은 잠간이요 보이지 않는 것은 영원함이니라" (고후 4:17-18)

6. 날마다 죽는 삶

그리스도인의 죽음에 대한 준비에는 마지막 한 가지가 남아 있다.

앞서 살펴본 내용에 비추어볼 때, 우리는 날마다 죽는 법을 배워야 한다. 그것은 이 땅에 살되 그것에 속하지 않은 사람처럼, 하늘나라의 시민으로서 살아야 한다는 것이다.

우리가 만일 날마다 죽는다면(고전 15:31) 우리가 실제로 죽는 날은 지금까지 주를 위해 산 모든 날들 가운데 가장 정점이 될 것이다.

빅토리아 시대의 유명한 설교가 스펄전(C. H. Spurgeon)은 한 설교에서 이것을 다음과 같이 잘 표현하였다.

"날마다 죽는 사람은 결코 죽는 것이 어렵다고 생각하지 않습니다. 그는 날마다 죽는 연습을 했기 때문에 단지 한 번 더 죽기만 하면 되는 것입니다. 이것은 마치 최선을 다해 모든 리허설을 마친 가수가 무대에 서서 꼭 한번만 더 노래를 하면 되는 것과 같습니다.

매일 새벽마다 요단강으로 달려가 그리스도와 함께 그 강을 건너며, 그가 달리신 십자가에 달려 죽음을 맛보고 부활의 기쁨을 만끽하는 사람이야말로 참으로 행복한 사람이 아닐 수 없을 것입니다.

언젠가 비스가 산에 오른 저들은 오랫동안 눈여겨보았던 익숙한 것들만 보게 될 것입니다.

지금까지 죽음의 지도를 보며 연구한 대로… 그것은 하나님께서 우리에게 가르쳐주신 것이며 언젠가는 그로 말미암아 영광을 얻으실 것입니다."

이것은 그리스도인에게는 마지막 죽음이 언제나 쉽다는 말이 아니다. 생을 마감할 때가 되면 신자는 엄청난 갈등과 투쟁을 겪기도 한다.

왜 그런가?

여기에는 신체적인 이유나 마귀의 영향 등 여러 가지 이유가 있을 것이다.
그러나 주된 원인은 우리가 이 땅에서 깔끔하게 종말을 맞이할 만큼 영적으로 성숙하지 못하였기 때문이다.

때때로 그리스도께서 우리에게 허락하신, 삶에 대한 사랑이나 그것을 함께 나눈 자들에 대한 사랑은 그들을 떠나보내는 것을 더욱 힘들게 만든다.
더욱이 우리는(그리스도인을 포함하여) 죽음이 육체와 영혼의 끔찍한 분리라고 생각하기 시작한다.
우리는 육체를 숭배하지는 않지만 신약성경이 상기시키는 대로 몸을 사랑하는 것은 자연스러운 일이다. 그것은 우리 자신의 몸이기 때문이다. 더구나 그리스도인에게 있어서 몸은 성령께서 거하시는 성전이다.

지금까지 우리는 전심으로, 그리고 기꺼이 우리의 몸을 주님께 바치고자 했다.

그러기에 우리는 죽음이 다가오면서 육신을 입고 살았던 삶에 강한 애착을 가질 수 있으며, 더 이상 그러한 기쁨을 누리지 못한다는 사실을 쉽게 받아들이지 않으려 하기도 한다.
이럴 때 우리에게 힘이 되는 유일한 것은 장차 올 영광이다.
이 땅에 사는 동안 그것을 맛본 자만이 죽음의 두려움에서 벗어날 수 있다.

죽는 날은 우리가 이 땅의 몸을 벗고 새로운 옷으로 갈아입는 가장 위대한 박탈의 날이다.
그날은 우리가 이 땅의 모든 소유물을 내려놓고 사랑하는 사람들-배우자, 부모, 자식, 형제자매, 오랜 친구-과 작별하는 날이다.
이들은 모두 우리로부터 멀어져 갈 것이다.
우리는 이 세상과 헤어지기 위해 필요한 영적 기술을 하루 만에 배울 수는 없다. 우리는 단 한번 죽지만 잘 죽는 기술은 연습을 통해 배워야 한다.

꽃︎

때때로 일정 기간 집을 떠나야 할 때, 우리는 떠나기 전날 밤 아이들 방을 일일이 돌아다닌다.

조용히 잠든 그들을 바라보며, 우리는 침상 곁에 서서 말없이 작별인사를 한다.
비록 짧은 시간이 되기를 바라지만, 이제 우리는 당분간 가장 사랑하는 사람들을 직접 돌보고 함께 있어주지 못한다.

죽음에 대한 준비를 바르게 할 수 있는 유일한 방법은, 우리의 모든 삶을 통해 그것을 연습하는 것이다.
우리는 "주님, 나는 주께서 나를 사랑하시는 것을 압니다. 나의 모든 소유와 사랑을 당신께 맡깁니다"라는 고백과 함께 우리가 그렇게도 움켜쥐려고 했던 모든 소유물을 놓아야 한다.

언젠가 죽음이 찾아오면 이와 같이 모든 것을 놓아야 하는 경우가 실제로 일어날 것이다.
그러나 그리스도께서 우리와 함께 계실 것이다.
우리는 두려워할 필요가 없다.
우리는 하나님의 은혜 가운데 그와 함께 있을 것이며, 머지않아 함께 예수 그리스도를 믿고 사랑하던 모든 사람들을 다시 만나게 될 것이다.
그리고 다시는 그들과 헤어지지 않을 것이다.

이 글을 쓰는 동안 필자의 가족 가운데 숙모 한 분이 돌아가셨다. 80대 후반의 그녀는 평생 온전한 그리스도인의 삶을 살았다. 그날 오후에도 그녀는 잘 아는 어린이 찬송을 듣고 있었다.

예수 사랑하심은 거룩하신 말일세
우리들은 약하나 예수 권세 많도다

나를 사랑하시고 나의 죄를 다 씻어
하늘 문을 여시고 들어가게 하시네

세상 사는 동안에 나와 함께 하시고
세상 떠나 가는 날 천국가게 하소서

잠시 후 그녀는 찬송가 가사와 같은 믿음을 가지고 평온히 잠든 상태로 하늘 나라로 갔다.

우리도 이러한 확신을 가지고 다음과 같이 기도할 수 있어야 한다.

이제 잠들려 하오니

주여 내 영혼을 지켜주소서.

만일 내가 잠에서 깨기 전에 죽는다면,

주여 내 영혼을 받아주소서.

• 후기 •

"죽음 – 영광스러운 문"

하나님은 그리스도인에게 "예수 그리스도의 죽은 자 가운데서 부활하심으로 말미암아 우리를 거듭나게 하사 산 소망이 있게 하시며 썩지 않고 더럽지 않고 쇠하지 아니하는 기업을 잇게" 하셨다.

이것은 "말세에 나타내기로 예비하신 구원을 얻기 위하여 믿음으로 말미암아 하나님의 능력으로 보호하심을 입은" 우리를 위해 "하늘에 간직" 되어 있다(벧전 1:3-5).

그러나 우리는 이와 같이 마지막 날 우리의 것이 될 것들을 위해 어떻게 현재의 삶을 살아야 하는가?

바울은 이렇게 대답한다.

"그러므로 너희가 그리스도와 함께 다시 살리심을 받았으면 위엣 것을 찾으라 거기는 그리스도께서 하나님 우편에 앉아 계시느니라 위엣 것을 생각하고 땅엣 것을 생각지 말라 이는 너희가 죽었고 너희 생명이 그리스도와 함께 하나님 안에 감취었음이니라 우리 생명이신 그리스도께서 나타나실 그때에 너희도 그와 함께 영광 중에 나타나리라
그러므로 땅에 있는 지체를 죽이라 곧 음란과 부정과 사욕과 악한 정욕과 탐심이니 탐심은 우상 숭배니라 이것들을 인하여 하나님의 진노가 임하느니라 너희도 전에 그 가운데 살 때에는 그 가운데서 행하였으나 이제는 너희가 이 모든 것을 벗어버리라 곧 분과 악의와 훼방과 너희 입의 부끄러운 말이라 너희가 서로 거짓말을 말라 옛사람과 그 행위를 벗어버리고 … 이는 자기를 창조하신 자의 형상을 좇아 지식에까지 새롭게 하심을 받는 자니라 거기는… 오직 그리스도는 만유시요 만유 안에 계시니라

그러므로 너희는 하나님의 택하신 거룩하고 사랑하신 자처럼 긍휼과 자비와 겸손과 온유와 오래 참음을 옷 입고 누가 뉘게 혐의가 있거든 서로 용납하여 피차 용서하되 주께서 너희를 용서하신 것과 같이 너희도 그리하고 이 모든 것 위에 사랑을 더하라 이는 온전하게 매는 띠니라"(골 3:1-14)

"우리가 다 수건을 벗은 얼굴로 거울을 보는 것같이 주의 영광을 보매 저와 같은 형상으로 화하여 영광으로 영광에 이르니 곧 주

의 영으로 말미암음이니라"(고후3:18)

현재 이러한 삶을 누리는 사람들에게는 죽음이 보다 영광스러운 삶으로 들어가는 입구가 될 것이다.

하늘의 문

지 은 이 | 스코트 올리핀트, 싱클레어 퍼거슨
옮 긴 이 | 황의무
발 행 인 | 김용호
발 행 처 | 나침반출판사

발 행 일 | 2007년 9월 1일

등   록 | 1980년 3월 18일 / 제 2-32호
주   소 | 110-616 서울 광화문 사서함 1641호
전   화 | 본 사 (02)2279-6321~3
         영업부 (031)932-3205
팩   스 | 본 사 (02)2275-6003
         영업부 (031)932-3207

홈 페 이 지 | www.nabook.net
이 메 일 | nabook@korea.com
         nabook@nabook.net

ISBN 978-89-318-1365-4
책번호 가-5006

값은 뒷표지에 있습니다.

나침반출판사는 우리를 구원하신 아름다운 주님을
21세기 문명의 이기(利器)를 통하여 널리 전하고 싶습니다.